Python Progra
für Anfänger

Der ultimative Crashkurs zum Erlernen von Python in 7 Tagen mit Schritt-für-Schritt-Anleitungen und praktischen Übungen

Einleitung

Computer haben der Welt zu ihrem Fortschritt verholfen. Mit ihrer Effizienz, ihrem Gehorsam und ihren fehleranfälligen Eigenschaften dreht sich inzwischen alles in der Welt um sie. Auch wenn Computer gerne als dumme Maschinen bezeichnet werden, können sie das, was sie tun sollen, mit äußerster Perfektion ausführen. Um Computer so leistungsfähig zu machen, wie sie heute sind, kommunizieren Menschen, die sogenannten Computerprogrammierer, seit Jahren mit ihnen in Programmiersprachen. Dabei gibt es verschiedene Arten von Programmiersprachen. So wie Menschen in verschiedenen Regionen unterschiedliche Sprachen verwenden, nutzen Computer und Entwickler/innen Programmiersprachen je nach ihrem Arbeitssystem.

Unter den vielen High-Level-Programmiersprachen, die es derzeit in der Computerwelt gibt, ist Python sowohl besonders beliebt als auch einfach zu erlernen. Mit diesem Buch lernst du Python intuitiv und kannst auch dann in die Python-Programmierung einsteigen, wenn du noch nie etwas mit einer Programmiersprache zu tun hattest.

Was ist Python?

Python ist eine High-Level-Programmiersprache, die aufgrund ihrer Vielseitigkeit, Einfachheit und der umfangreichen Auswahl an Libraries (Bibliotheken) und Frameworks (Vorprogrammierungen) von Dritten, die dir bei der Erstellung von Software in jedem beliebigen Programmierbereich helfen können, bei den Programmierern sehr beliebt ist. Außerdem gilt Python als eine der beliebtesten modernen Programmiersprachen, weil sie auch für Anfänger/innen einfach zu erlernen ist.

Wenn du im Internet danach suchst, gibt es für die Programmiersprache Python wahrscheinlich Tausende von Ressourcen. Doch gerade deshalb sind Anfänger oft überfordert, wenn sie anfangen möchten, Python zu lernen. Oft fehlt ein klarer Leitfaden, dem sie folgen können.

Universitäten wie Stanford lehren Python als Einstiegssprache in die Programmierung für Informatikstudierende im Grundstudium. Auch verschiedene Online-Kurse, die sich mit den Grundlagen des Programmierens beschäftigen, verwenden oft Python als Standardprogrammiersprache.

Ich freue mich, dass du dich für dieses Buch entschieden hast, um Python schnell und intuitiv zu lernen.

Über mich

Hallo, mein Name ist und seit mehr als 20 Jahren beschäftige ich mich mit der Entwicklung von Software in Python. Meine Liebe zum Programmieren begann vor einer halben Ewigkeit, als ich angefangen habe, Videospiele zu spielen. Alles begann mit meinem Enthusiasmus, ein Pokemon-Spiel zu modifizieren, das ich damals häufig gespielt habe. Ich änderte einen kleine Teile des Codes und fühlte mich wie ein Champion. Das weckte meinen Enthusiasmus, Programmierlogik und Variablen verstehen zu wollen. Nach einigen Mods (Modifizierungen von Computerspielen) verstand ich, wie Programme funktionieren, und versuchte mich an verschiedenen Programmiersprachen.

Innerhalb weniger Jahre erstellte ich kleine Skripte, um Arbeitsabläufe zu automatisieren. Allerdings hatte ich mich noch immer nicht auf eine Programmiersprache festgelegt, was es mir schwer machte, tatsächlich Softwareprogramme zu entwickeln. Alle Programmiersprachen, die ich ausprobiert habe, darunter C und Pearl, waren nicht einfach zu implementieren und brachten mich immer wieder fast dazu, das Programmieren wütend an den Nagel zu hängen. Zum Glück entdeckte ich in jener turbulenten Zeit Python in seiner Anfangsphase. Zu Beginn war Python nur das Hobbyprojekt eines einzelnen Entwicklers und wurde entsprechend chaotisch implementiert. Doch sobald es die Aufmerksamkeit weiterer Entwickler/innen auf sich zog, begannen die Leute, zu dem Open-Source-Projekt beizutragen und machten es zu der effizienten Programmiersprache, die es heute ist.

Innerhalb weniger Monate nach dem Erlernen der Python-Grundlagen habe ich angefangen, meinen bereits vorhandenen Code in Python zu implementieren. Dabei war ich überrascht, wie portabel und übersichtlich der Code ist. Sobald ich den Dreh mit Python raus hatte, gab es für mich kein Zurück mehr. Ich begann, meine eigene Software zu schreiben und sie in verschiedenen Shops zu veröffentlichen. Auch wenn meine Hauptaufgabe in der Entwicklung von Webanwendungen bestand, habe ich es geschafft, mit Hilfe von Python mehrere andere Nebenprojekte in verschiedenen Bereichen zu realisieren.

Da ich Python sehr gut beherrsche, ist es mir auch ein Anliegen, andere dabei zu unterstützen, Python zu erlernen. Schon in der Anfangsphase, als ich noch Spiele modifiziert habe, lag es mir am Herzen, Menschen schnell beim Programmieren zu helfen. Ich verwende einfache Begriffe, um komplexe Themen verständlich zu erklären, was bisher schon vielen meiner Freunde und Kollegen geholfen hat. Aus meiner Leidenschaft für das Programmieren und Unterrichten heraus ist dieses Buch entstanden. Es richtet sich an alle, die und Anfänger, die starten möchten, Python zu lernen.

Wie kann dir dieses Buch helfen?

Python zu programmieren, sieht einfach aus, ist es aber nicht. Deshalb ist es wichtig, dass du dich mit den Grundlagen von Python vertraut machst und die Techniken kennst, mit denen du diese Grundlagen zur Lösung von Problemen nutzen kannst. Dieses Buch vermittelt dir theoretisches Wissen und unterstützt dich dabei, die Grundlagen von Python zu verstehen und praktische Erfahrungen mit der Programmiersprache zu sammeln.

Um das Beste aus diesem Buch herauszuholen, empfehle ich dir die folgenden kognitiven Lerntechniken, die den Umgang mit diesem Material erleichtern können:

📖 Nutze Mindmaps, um verschiedene Konzepte darzustellen und diese schnell in deinen Projekten umzusetzen. Mindmaps sind kognitive Lernwerkzeuge, die visuelle Exzellenz nutzen, um sich eine Menge Daten in Form eines einfachen Diagramms zu merken.

📖 Nutze kognitive Gedächtnistechniken wie Memory Palace, um dir Daten sinnvoll zu merken. Zwischen dem Auswendiglernen und dem Merken der benötigten Informationen mit kognitiven Techniken besteht ein wesentlicher Unterschied.

📖 Nutze die Technik des passiven Abrufs, um alle Themen, die du in diesem Buch gelernt hast, schnell zu wiederholen. Passives Abrufen kann dich dabei unterstützen, die Grundlagen des Programmierens zu festigen.

📖 Nutze die Feynman-Technik, um einer Person, die sich mit dem Thema nicht auskennt, alle grundlegenden Programmierkonzepte zu erklären, die du in diesem Buch gelernt hast. Wenn du ein Konzept mit einfachen Worten darstellen kannst, bedeutet das, dass du die wichtigsten Grundlagen verstehst.

📖 Verwende nicht nur die Codes aus dem Buch, sondern auch deine eigenen. Implementiere deinen eigenen Code mit ähnlichen Strategien. Einfaches Kopieren und Einfügen wird nicht dazu führen, dass du deinen eigenen Code erstellst.

Python als Programmiersprache erwartet von dir, dass du so innovativ wie möglich bist. Betrachte das Programmieren mit Python als ein Puzzlespiel. Du wirst bald Wege finden, dein Gehirn auszutricksen, um eine komplexe Code-Logik für reale Probleme zu erstellen. Dieses Buch soll dich dabei unterstützen, möglichst effektiv mit Python zu programmieren. Lass uns diesen Weg gemeinsam gehen. Bist du bereit?

Kapitel 1: Einführung in Python

Python ist eine höhere Programmiersprache. Sie ist einfach, robust und unterstützt multiparadigmatische Arbeitsabläufe. Der Schlüssel zum Erfolg von Python ist ein übersichtlicher Code und nur wenige sogenannte Boilerplates (Code-Segmente, die mehrfach mit geringen bis keinen Änderungen wiederholt werden) enthält. Mit Python können Anfänger/innen in die Welt des Programmierens eintauchen.

Wenn du zum Beispiel ein einfaches Snake Game mit C oder C++ schreiben willst, brauchst du dafür normalerweise 300 Zeilen Code. Mit Python hingegen kannst du die Anzahl der Programmzeilen auf weniger als 200 reduzieren. Dieser enorme Unterschied in der programmatischen Umsetzung hat dazu beigetragen, dass Python die beliebteste Open-Source-Sprache der Welt geworden ist. Mit Tausenden von begeisterten Entwickler/innen, die Tausende von Libraries für verschiedene Computerbereiche schreiben, wurde Python schnell zum Wegweiser für die Open-Source-Revolution.

Die Geschichte von Python

Für ihren Schöpfer, Guido van Rossum, war Python ein lockeres Hobbyprojekt in den Weihnachtsferien. Er nutzte seine Erfahrungen aus der Arbeit mit der Programmiersprache ABC, um eine interpretierte Programmiersprache zu schaffen, die intuitiv und für Programmierer/innen einfacher zu handhaben ist. Aufgrund seiner Erfahrung in der Unix-Entwicklung setzte er Python zunächst ein, um Hacker in einer Online-Community zu beeindrucken.

Allerdings war die große Resonanz, die er von seinen Mitprogrammierern erhielt, Anlass für ihn, mehrere Monate lang an der Sprache zu feilen, um eine Programmiersprache zu entwickeln, die prägnant, einfach und schnell ist. Für seine Beiträge zum Python-Projekt wurde Guido van Rossum von der Python-Gemeinschaft zum Benevolent Dictator for Life (wohlwollender Diktator auf Lebenszeit) ernannt, eine hohe Auszeichnung, die Open-Source-Entwickler/innen verliehen werden kann.

Seit seiner Veröffentlichung ist Python laut TIOBE-Ranking konstant unter den Top 10 der beliebtesten Programmiersprachen. Die minimalistische Herangehensweise an Problemlösungen hat dazu beigetragen, dass sich Python gegen andere Programmiersprachen wie Pearl durchgesetzt hat und zu einer der zugänglicheren Programmiersprachen für Anfänger geworden ist.

Python folgt der Philosophie "Es gibt nur einen Weg, ein Problem zu lösen", was der Philosophie anderer Programmiersprachen wie Pearl widerspricht, die "Es gibt verschiedene Wege, ein Problem zu lösen" unterstützen. Python brachte eine dringend benötigte Disziplin in die Programmiergemeinschaft und ließ die Softwareentwicklung exponentiell ansteigen. Schau dir die folgenden Anwendungen von Python an, um zu verstehen, wie einflussreich Python für Programmierer auf der ganzen Welt war.

Python-Anwendungen

Python beeinflusste verschiedene Bereiche der modernen Wissenschaft und Technologie.

1. Web

Python hatte als Programmiersprache den größten Einfluss auf die Webtechnologie. Als Java noch den Webspace beherrschte, war Python noch nicht so populär. Allerdings haben verschiedene Frameworks von Drittanbietern wie Django und Tornado dazu beigetragen, dass Python in der Webentwicklung immer beliebter wurde.

Zwei Jahrzehnte später ist Python eine der beliebtesten Skriptsprachen für Websites und steht nur knapp hinter Javascript. Mehrere multinationale Unternehmen wie Google, Facebook und Netflix nutzen Python für ihre Softwareimplementierungen. Django, ein berühmtes Web-Framework, hilft Programmierer/innen dabei, Backend-Code für verschiedene APIs zu schreiben.

Auch bei der Automatisierung ist Python beliebt und so werden Bots wie Pinflux oft mit Python entwickelt.

2. Scientific Computing (Wissenschaftliches Rechnen)

Python ist in der wissenschaftlichen Gemeinschaft aufgrund seines Open-Source-Charakters überaus populär. Software wie Numpy und Scipy hilft Informatikerinnen und Informatikern, Rechenexperimente mit weniger Code durchzuführen. Da Python auch für mathematische Berechnungen und Software am besten geeignet ist, gibt es für Wissenschaftler/innen gegenwärtig keine Alternative zu Python.

3. Machine Learning & Künstliche Intelligenz

Maschinelles Lernen und künstliche Intelligenz sind zwei Technologien, die derzeit viele Jobs bieten. Python bietet viele Bibliotheken (Libraries) von Drittanbietern, wie z. B. Tensorflow, die sich ganz auf die Implementierung von Algorithmen für maschinelles Lernen konzentrieren.

Python lässt sich auch sehr gut für Deep Learning und Sprachverarbeitungstechnologien einsetzen. Damit ist es einer der Hauptanwärter für die Weiterentwicklung von Technologien im Bereich der künstlichen Intelligenz.

4. Linux und Datenbankmanagement

In wachsenden Unternehmen weltweit gibt es eine große Nachfrage nach Entwicklungsingenieuren, die Datenbanken und interne Systeme effektiv verwalten können. Entwicklungsingenieure müssen sich nicht nur mit verschiedenen Betriebssystemen wie zum Beispiel Linux auskennen, sondern auch mit der Programmiersprache Python, um verschiedene Verfahren zu automatisieren, die für die Überprüfung der Leistung von Systemen in einem internen Netzwerk wichtig sind.

5. Penetrationstests und Hacking

Python wird sowohl von White-Hat- als auch von Black-Hat-Hackern verwendet. White-Hat-Hacker nutzen beliebte Python-Tools, um Penetrationstests durchzuführen. Black-Hat-Hacker hingegen nutzen das Python Scripting, um Exploits zu erstellen, mit denen sie automatisch sensible Informationen von ihren Zielen abgreifen können.

Neben der hohen Anpassungsfähigkeit von Python in fast allen Computerbereichen gibt es noch weitere höhere Programmiersprachen wie Go, Groovy und Swift. Python ist jedoch die einfachste und hat die minimalistische Philosophie in der Programmierwelt populär gemacht.

Verschiedene Versionen von Python

Als Python Anfang der 90er Jahre zum ersten Mal veröffentlicht wurde, war es noch nicht ganz ausgereift. Die Bibliothek enthielt mehrere Fehler und Ungereimtheiten, da sie komplett ohne fremde Hilfe von Rossum entwickelt worden war. Dank des unmittelbaren Erfolgs in der Community meldeten sich innerhalb von zwei Jahren nach der Veröffentlichung der ersten Python-Version Hunderte von unabhängigen Entwickler/innen, um Rossum bei der Entwicklung eines wesentlich umfangreicheren Projekts zu unterstützen. Der Open-Source-Charakter von Python hat auch dazu beigetragen, dass sich viele Intellektuelle zusammengefunden haben, um den Code zu überprüfen und zu ändern, wo immer es nötig wurde. In den letzten zwei Jahrzehnten hat das Python-Kernprogrammierteam zwei Hauptversionen namens Python 2 und Python 3 auf der ganzen Welt veröffentlicht.

Im Jahr 2022 wird Python 2 immer noch von vielen Programmierern verwendet, obwohl es vom Python-Kernteam nicht offiziell unterstützt wird. Die Entscheidung für eine der beiden Versionen hängt ganz von den Projekten ab, an denen du arbeitest.

Python 2

Python 2 ist jetzt eine ältere Version, die im Jahr 2000 veröffentlicht wurde. Sie ist seit mehr als zwei Jahrzehnten die beliebteste Python-Version. Python 2 ist einfacher und bietet viel mehr Frameworks und Bibliotheken von Drittanbietern für die Entwicklung.

Obwohl es ab 2021 keine offiziellen Updates mehr gibt, ist Python 2.7 immer noch die empfohlene Version für verschiedene Softwarebereiche. Die Migration aller Frameworks und Bibliotheken von Python 2 auf Python 3 ist ein langwieriger Prozess, weshalb viele Unternehmen immer noch Python 2 als Standardversion von Python verwenden.

Python 3

Die neuste Version vom Python-Kernteam ist Python 3.9. Es ist schneller und bietet dir viele zusätzliche Klassen, um mit der Kernbibliothek zu arbeiten. Außerdem ist sie im Vergleich zu Python 2 einfacher zu warten.

Für welche Version sollte ich mich entscheiden?

Die Entscheidung für eine Python-Version sollte von dem Softwarebereich abhängen, in dem du arbeitest. Zum Beispiel verwenden viele Datenwissenschaftler Python 3, während Entwickler/innen, die es mit Legacy-Software zu tun haben, Python 2 verwenden, um Komponenten zu integrieren.

Hinweis:

Der gesamte in diesem Buch verwendete Python-Code wurde mit Hilfe von Python 3 geschrieben, da es für Anfänger relevanter und logischer ist, mit einer neuen Version von Python zu starten.

Vorteile des Erlernens von Python

Anfang der 1990er Jahre, als Unternehmen weltweit begannen, die Möglichkeiten des Internets zu nutzen, um komplexe Webanwendungen zu erstellen, begann die Popularität von Python zu steigen. Traditionelle Programmiersprachen wie C und C+ waren komplex und machten es den Programmierern schwer, in kurzer Zeit hochwertigen Code zu erstellen. In dieser Zeit hat Python vielen Unternehmen geholfen, Bibliotheken zu erstellen, die problemlos mit ihren bereits vorhandenen C- und C++-Bibliotheken verwendet werden können. Da die Arbeitsabläufe im Vergleich zu anderen Hochsprachen sehr einfach sind, begannen die Programmierer, Python zu verwenden, um schnell Code zu erstellen.
Wenn du die vielen Vorteile von Python verstehst, wird dir klar, wie robust und einfach Python aus verschiedenen Bereichen der Informatik sein kann.

Python ist eine interpretierte Sprache

Im Gegensatz zu seinen Vorgängersprachen, die auf einen Compiler angewiesen sind, um Anweisungen auszuführen, verwendet Python eine neue Rechenkomponente, den sogenannten Interpreter. Statt viel Zeit zu verlieren, um ein Programm mit einem Compiler auszuführen, nutzt der Interpreter moderne Rechentechniken, um den Code noch vor der endgültigen Ausführung des Programms zu parsen. Parser sind Programme, die Eingaben in zur Weiterverarbeitung geeignete Formate umwandeln. Diese dynamische Parse-Zeit kann die Wartezeit beim Ausführen des Programms reduzieren. Python nutzt auch Elemente der natürlichen Sprache, um unproduktive Programmiervorgänge, die die Produktionszeit erhöhen können, zu vermeiden. Durch ihre Struktur lässt sich die Programmierung in Python leicht automatisieren, was sie zu einer beliebten Sprache für die Systementwicklung und Linux-Administratoren macht.

Python ist eine Open-Source-Sprache

Python gehört zu den wichtigsten Faktoren, die eine Art Open-Source-Revolution ausgelöst haben. Dank des Open-Source-Charakters kannst du jeden Python-Code verändern und ihn selbst verbreiten. Open Source ermöglicht es weltweit Programmierern, ihr Wissen und ihre Ressourcen zu teilen, um Bibliotheken und Frameworks zu entwickeln. Diese unterstützen wieder andere bei der Erstellung neuer Projekte.
Als Anfänger kannst du mit einem Klick auf verschiedene komplexe und einfache Projekte zugreifen, um die Programmierlogik leichter zu verstehen und neue innovative Projekte zu erstellen.

Python unterstützt mehrere Paradigmen

Verschiedene Programmiersprachen verwenden unterschiedliche Paradigmen für die Erstellung und den Einsatz von Code. Java verwendet zum Beispiel ein objektorientiertes Programmierparadigma, während C ein funktionales Programmierparadigma verwendet. Ein Programmierparadigma verändert den Arbeitsablauf und die Herangehensweise, die Entwickler/innen zur Lösung eines Problems verwenden.
Python unterstützt mehrere Paradigmen, z. B. strukturierte, funktionale und objektorientierte Paradigmen, und ist damit eine interessante Option für Programmierer, die verschiedene Ansätze für unterschiedliche Probleme haben.

Python verwendet einen Garbage Collection Mechanismus

Die Speicherverwaltung ist eine wichtige Voraussetzung für Anwendungsentwicklung. Höhere Sprachen wie Java und C verwenden komplexe Techniken, um die Daten effektiv zu verwalten. Diese Mechanismen funktionieren zwar perfekt, aber du musst viel Zeit aufwenden, um sie effektiv zu pflegen. Python hingegen verwendet Garbage Collectors, um den Speicher zu verwalten. Mit dieser Strategie kannst du Daten und Variablen, die nicht mehr referenziert werden, einfach übernehmen.

Python ist einfach zu verstehen

Einer der vielen Gründe, warum Python so beliebt ist, ist seine Lesbarkeit. Der gesamte Code ist leicht zu verstehen und daher einfach zu pflegen. Mit der besseren Lesbarkeit steigt auch die Qualität der mit Python erstellten Software, und je besser die Qualität, desto weniger Zeit braucht man, um den Code zu debuggen, das heißt zum Entfernen von Fehlern.

Portabilität

Python kann auf jedem Betriebssystem ausgeführt werden. Das macht es leicht, die Software in nur wenigen Stunden auf verschiedenen Systemen einzurichten. Damit Python-Programme funktionieren, müssen die Benutzer nur den Interpreter auf ihrem System installieren.
Wenn Entwickler/innen zum Beispiel ein Programm für Linux schreiben, um die Verwaltung von SQL-Datenbanken zu automatisieren, kann jede Person, die Zugriff auf den Code hat, diesen auf Windows- oder Mac-Rechnern einsetzen, indem sie ein paar Codekomponenten ändert.

Python hat großartige eigene Bibliotheken

Damit sich eine Programmiersprache im Mainstream durchsetzen kann, muss sie über gute Bibliotheken verfügen. Python hat eine Vielzahl solcher Bibliotheken, mit denen du experimentieren kannst.
Neben diesen benutzerdefinierten Bibliotheken sind auch die Standardbibliotheken, die vom Python- Kernteam zur Verfügung gestellt werden, von großem Nutzen für Programmierer, um verblüffende Software zu erstellen.

Python unterstützt die Integration von Komponenten

Python macht leicht, neuen Code in den bereits geschriebenen Code zu integrieren. Seine fortschrittliche Komponentenintegration macht es zu einer günstigen Option, um erweiterte Anpassungsoptionen für verschiedene Softwareanwendungen zu erstellen.
Die Integration von Komponenten erleichtert es dir, neue Funktionen in die bestehende Software zu integrieren, damit sie auf neueren Versionen der Betriebssysteme laufen.

Python hat eine großartige Community

Python hat eine ausgesprochen hilfsbereite Community. Sie hilft dir, wenn du beim Schreiben des Codes auf Probleme stößt, die du nicht lösen kannst. Neben den Foren, verschiedenen Ressourcen und gut geschriebenen Anleitungen von erfahrenen Programmierern, hilft dir die Python-Community, etwaige Hürden im Entwicklungsprozess zu überwinden.
Python hat viele Open-Source-Projekte auf Github, und enthusiastische Programmierer/innen können sich diesen Code einfach ansehen, um die Implementierung komplexer Logik in ihrer Software zu verstehen.

Python installieren

Um Python-Software zu entwickeln, brauchst du zunächst einen Python-Interpreter auf deinem Betriebssystem. Ohne diesen Interpreter ist es für Entwickler/innen nicht möglich, Python-Programme zu erstellen oder auszuführen. Da Python portabel ist, kann es auf allen modernen Betriebssystemen installiert werden. In diesem Abschnitt werden wir uns mit der Installation von Python befassen, und zwar auf drei Betriebssystemen - Linux, Mac und Windows.

So installierst du Python unter Linux

Da die meisten Programmierer/innen Linux als Standardbetriebssystem verwenden, werden wir zunächst mit Linux beginnen, um Python auf deinem lokalen Rechner zu installieren. Linux ist ein Open-Source-Betriebssystem und wird überwiegend von Programmierer/innen und Unternehmen verwendet. Auf vielen Linux-Distributionen ist Python bereits vorinstalliert.
Um zu überprüfen, ob Python auf deinem Linux-System installiert ist, öffne ein neues Kommandoterminal mit dem Befehl STRG + ALT + N.
Wenn das neue Befehlsterminal geöffnet ist, gibst du den folgenden Befehl ein.
Terminal Code:
```
$ python3
```

Wenn Python bereits auf deinem System installiert ist, zeigt dein Terminal Lizenzinformationen für die installierte Python-Version an.

Wenn du hingegen die Meldung erhältst, dass der Befehl nicht gefunden wurde, bedeutet dies, dass Python nicht auf deinem System installiert ist. Wenn Python nicht installiert ist, kannst du jetzt die für Linux verfügbaren Paketmanager verwenden, um Python für verschiedene Distributionen zu installieren.

Bevor du eine Software unter Linux installierst, solltest du zunächst alle unter Linux verfügbaren Tools aktualisieren und darauf achten, dass es keine Konfliktfehler (conflict errors) gibt, die die Installation von Python stoppen können.

Terminal Code:

```
$ sudo apt-get upgrade
```

Du kannst den obigen Code verwenden, um Paketdateien in einem Debian-basierten Linux-System zu aktualisieren.

Wenn du Pakete auf einem Arch-basierten System aktualisieren willst, verwende den folgenden Pacman-Befehl

Terminal Code:

```
$ sudo pacman -S
```

Sobald die Pakete aktualisiert sind, kannst du die folgenden Befehle verwenden, um Python auf deinem Linux-System zu installieren.

Terminal Code für Debian-Systeme:

```
$ sudo apt-get install python3
```

Terminal Code für Arch-Systeme:

```
$ pacman -u python3
```

Für die Installation in anderen Linux-Distributionen wie Gentoo und Kali solltest du dir die offizielle Python-Dokumentation ansehen.

So installierst du Python unter macOS?

macOS ist das Standard-Betriebssystem von Apple. Da macOS mit Hilfe von UNIX-Unterstützung aufgebaut ist, ist Python 2 oft als native Software installiert.

Um zu überprüfen, ob macOS auf deiner von Apple unterstützten Hardware installiert ist öffnest du ein neues Terminal unter Einstellungen > Dienstprogramme > Terminal.

Sobald sich ein neues Terminal geöffnet hat, gibst du den folgenden Befehl ein.

Terminal Code:

```
$ python3
```

Wenn du nicht mit einer Meldung über die Python-Version begrüßt wirst, bedeutet das, dass Python nicht auf deinem System installiert ist und du Homebrew verwenden musst, um Python von Grund auf zu installieren.

Terminal Code:

```
$ brew install python3
```

So installierst du Python unter Windows

Windows ist weltweit das beliebteste Betriebssystem gemessen an der Anzahl der Nutzer. Viele Privatpersonen und Programmierer nutzen Windows, weil es einfach zu bedienen ist und viele Anwendungen für Python-Programmierer zur Verfügung stehen, mit denen leicht Code in die Software eingefügt warden kann.

Um Python auf deinem Windows-System zu installieren, lädst du zunächst ein ausführbares Paket von der offiziellen Python-Website herunter. Sobald das Paket heruntergeladen ist, musst du es nur noch doppelt anklicken, um die Software zu installieren. Bei einigen Windows-Systemen musst du eventuell die Umgebungsvariablen in der Systemsteuerung ändern, damit dein System mit der Python-Codeentwicklung funktioniert.

Wenn alles entsprechend den Anforderungen eingestellt ist, öffne ein Command Prompt, um zu überprüfen, ob der Python-Interpreter korrekt installiert ist.

Command Prompt Code:

```
>> python —version
```

Wenn der Befehl (Command) eine Ausgabe (Output) über die installierte Version liefert, dann ist Python erfolgreich in deinem System installiert. Falls nicht, solltest du den Fehler-Code in Google eingeben oder in den Python-Foren nachsehen, um das Problem zu beheben.

Kapitel 2: Mit PyCharm und IDLE arbeiten

Sobald die Python-Software installiert ist, brauchst du eine spezielle Entwicklungsumgebung auf deinem System, um Programme erstellen zu können. Auch wenn es durchaus möglich ist, mit Hilfe des IDLE zu arbeiten, das bei der Python-Installation mitgeliefert wird, sollten Entwickler/innen IDEs wie Pycharm verwenden, um den Workflow bei der Softwareentwicklung zu verbessern. IDEs sorgen für Produktivität und machen es dir leicht, deinen bereits vorhandenen Code, der als Software genutzt wird, zu debuggen.

Warum ist Python Interpreter so großartig?

Der Python-Interpreter überzeugt durch seine Vielseitigkeit und seine Weiterentwicklungen im Vergleich zu herkömmlichen Compilern. Ein Python-Interpreter bietet zum Beispiel vergleichsweise wenig Wartezeiten. Ein Compiler kompiliert den Code, dass heißt er übersetzt den Quellcode in eine Programmiersprache, sobald er geschrieben und fehlerfrei ist. Der Interpreter hingegen prüft den Code, während er geschrieben wird, und weist dich schon vor der Kompilierung darauf hin, falls es ein Problem mit dem Code gibt. Diese Fehlermeldungen in Echtzeit bieten sich besonders an, wenn du gerade anfängst das Programmieren zu lernen.

Wenn Python auf deinem System installiert wird, enthält das Python-Installationspaket auch IDLE (Integrated Development and Learning Environment). Um IDLE zu starten, kannst du den Befehl "python" auf deiner bevorzugten Terminaloberfläche eingeben. IDLE verwendet den REPL-Mechanismus, um Ausgaben auf dem Computerbildschirm auszugeben. REPL ist eine grundlegende Technik, die Python-Interpreter verwenden, um die geschriebenen Zeilen zu überprüfen und sie auf der Grundlage der Eingaben und Ausgaben auf dem Bildschirm zu parsen.

Wenn du gerade erst mit dem Programmieren startest, kann Python IDLE ein hervorragendes Werkzeug sein. Wenngleich die meisten professionellen Entwicklungen für Unternehmenssoftware mit IDEs wie PyCharm durchgeführt werden, hilft dir das Erlernen von ein paar grundlegenden Befehlen für Python IDLE zu verstehen, wie die Python-Interpretation funktioniert.

So verwendest du die Python IDLE Shell

Sobald Python installiert ist, öffne ein Terminal oder eine Eingabeaufforderung und gib den folgenden Befehl ein, um IDLE zu starten.

Befehl:
```
$ python
```

Eine neue Shell wird geöffnet, sobald du die Enter- oder Return-Taste drückst, wie im Folgenden gezeigt.

```
>>>
```

Um den Workflow von Python IDLE auf deinem System zu testen, kannst du einige der grundlegenden Arithmetik- oder Print-Anweisungen verwenden.

Programmcode:

```
>>> print ("Dies ist ein Beispiel, um die Funktion von IDLE zu überprüfen")
```

Ausgabe:

```
Das ist ein Beispiel, um die Funktionsweise von IDLE zu überprüfen
```

Sobald du die Eingabetaste drückst, wechselt das Programm in den REPL-Modus und der Text zwischen den Anführungszeichen wird auf dem Computerbildschirm ausgegeben. IDLE hat die print()-Methode erkannt, die zur Ausgabe von Strings im Shell-Fenster verwendet wird.

Du kannst den IDLE-Workflow auch mit arithmetischen Berechnungen testen.

Programmcode:

```
>>> 2 + 5
```

Ausgabe:

```
7
```

Übung:

Überprüfe eigenständig die Ausgabe für andere arithmetische Aufgaben wie Multiplikation und Division mit Hilfe des IDLE-Fensters.

Hinweis:

Beachte, dass dein gesamter Code verloren geht, sobald du das Terminalfenster verlässt. Deshalb solltest du darauf achten, dass dein gesamter Code in eine Python-Datei geschrieben wird, auch wenn du IDLE verwendest.

So öffnest du Python-Dateien in IDLE?

IDLE macht es einfach, bereits geschriebene Python-Dateien mit der Endung .py auf dem Terminal zu öffnen und zu lesen. Beachte, dass dieser Befehl nur funktioniert, wenn du dich im selben Verzeichnis wie die Python-Datei befindest.

Programmcode:

```
$ python sample.py
```

Der obige Befehl öffnet den bereits existierenden Code, damit er zunächst gelesen werden kann.

- IDLE kann einzigartige Bestandteile deiner Syntax automatisch hervorheben
- IDLE unterstützt dich durch Hinweise dabei, deinen Code zu vervollständigen
- IDLE kann Code leicht einziehen

Alternativ kannst du auch die GUI-Datei verwenden und auf die Schaltfläche "Öffnen" klicken, um beliebige Python-Dateien auf deiner IDLE-Shell zu nutzen. Im fortgeschrittenen Programmieren empfiehlt es sich jedoch, diesen Pfad zum Öffnen von Python-Dateien zu verwenden, wenn du dich nicht im selben Verzeichnis befindest.

So bearbeitest du diese Dateien

Sobald die Dateien in deinem IDLE geöffnet wurden, kannst du über die Tastatur mit der Bearbeitung des Codes in der Datei beginnen. IDLE zeigt Zeilennummern an, was es einfacher macht, Code ohne Einrückungen zu bearbeiten. Sobald die Datei bearbeitet ist, kannst du den Code mit der Taste F5 auf deinem Terminal ausführen.
Wenn es keine Fehler gibt, wird die Ausgabe angezeigt. Falls doch, werden Traceback Errors (Rückverfolgungsfehler) angezeigt.
Obwohl Python IDLE nicht so effizient ist wie andere fortgeschrittene IDEs auf dem Markt, ist es dennoch ein hervorragendes Debugging-Tool. Es bietet verschiedene Debugging-Funktionen wie das Setzen von Endpunkten, das Abfangen von Ausnahmen und das Parsen des Codes, um den Code schnell zu debuggen. Allerdings ist es nicht perfekt und kann auch hier und da Probleme verursachen, wenn deine Projektbibliothek beginnt zu wachsen. Abgesehen davon, dass IDLE viel weniger bietet, ist es immer noch das beste Tool für absolute Anfänger.

Übung:

Erstelle ein neues Programm mit Python IDLE, um zwei Zahlen zu addieren und debugge den Code mit Bruchpunkten. Es steht dir frei, beliebige Ressourcen im Internet zu nutzen, um dieses einfache Problem zu lösen, wenn du dich noch nicht mit Programmierkomponenten auskennst.

IDE (Integrated Development Environment)

Da es nicht in der Lage ist, anspruchsvolle Projekte zu bewältigen, wird Python IDLE in der realen Welt der Anwendungsentwicklung meist nicht empfohlen. Stattdessen werden Entwickler/innen gebeten, ihren Code in speziellen Entwicklungsumgebungen, den sogenannten IDEs, zu verwalten und zu entwickeln. IDEs bieten enge Integrationsmöglichkeiten mit verschiedenen Bibliotheken.

Funktionen von IDEs

1. Einfache Integration in Bibliotheken und Frameworks

Eine der vielen wesentlichen Eigenschaften von IDEs ist, dass sie die Integration von Bibliotheken und Frameworks in Softwareanwendungen erleichtern können. Bei IDLE musst du sie jedes Mal einzeln zuweisen. IDEs hingegen nehmen dir die mühsame Arbeit ab, indem sie verschiedene Import-Anweisungen automatisch vervollständigen. Viele IDEs bieten auch eine direkte Integration mit Git-Repositories (Aufbewahrungsorte für Arbeitskopien).

2. Integration von objektorientiertem Design

Viele Python-Entwickler/innen, die Anwendungen entwickeln, verwenden ein objektorientiertes Paradigma. Python IDLE bietet keine Werkzeuge, die es dir leicht machen, Anwendungen nach objektorientierten Prinzipien zu erstellen. Alle modernen IDEs bieten Komponenten wie Klassenhierarchiediagramme an, mit denen Entwickler ihre Projekte mit einer besseren Programmierlogik starten können.

3. Syntax Highlighting

Syntax Highlighting, also das farbliche Hervorheben der Syntax, hilft dir beim Programmieren, deine Produktivität zu steigern und einfache, offensichtliche Fehler zu vermeiden. Du kannst zum Beispiel keine reservierten Schlüsselwörter wie "if" für Variablennamen verwenden. Die IDE erkennt diesen Fehler automatisch und hilft dir, diesen mit Hilfe von Syntax Highlighting zu verstehen.

4. Autovervollständigung (Code Completion)

Alle modernen IDEs nutzen fortschrittliche künstliche Intelligenz und maschinelle Lerntechniken, um den Code für Entwickler automatisch zu vervollständigen. Die IDEs sammeln viele Informationen aus den Paketen, die du verwendest, und schlagen dann verschiedene Variablen oder Methoden vor, die auf deinen Eingaben und der Logik, die du schreibst, basieren. Auch wenn die automatische Vervollständigung eine großartige Funktion ist, solltest du dich nie ganz darauf verlassen, da sie manchmal die Ausführung deines Programms durcheinander bringen und Fehler verursachen kann.

5. Versionskontrolle (Version Control)

Die Versionskontrolle bereitet Entwickler/innen am meisten Kopfzerbrechen. Wenn du zum Beispiel private Bibliotheken und Frameworks für deine Anwendung verwendest, kann es vorkommen, dass sie aktualisiert werden und deine Anwendung nicht mehr funktioniert. Wenn du Softwareprogramme entwickelst, solltest du über diese Änderungen informiert sein und die neue Ausführung des Codes implementieren, damit deine Anwendung auch weiterhin funktioniert. Die Versionskontrolle macht es leichter, deine Kernanwendung zu aktualisieren, ohne den bereits geschriebenen Code durcheinander zu bringen. IDEs bieten eine direkte Versionskontrolle über Websites wie Github.

Abgesehen von diesen Funktionen können IDEs auch erweiterte Debugging-Funktionen anbieten. PyCharm und Eclipse sind die populärsten Python-IDEs, die sowohl für unabhängige Entwickler/innen als auch für Unternehmen verfügbar sind.

In diesem Buch werden wir PyCharm als Standard-IDE verwenden, da es wesentlich effizienter als Eclipse ist und sich leicht einrichten lässt.

PyCharm

PyCharm ist eine exklusive Python-IDE, die von JetBrains, einem der Pioniere in der Entwicklung von Software-Tools, entwickelt wurde. Ursprünglich wurde PyCharm vom JetBrains-Team entwickelt, um seine IDEs für andere Programmiersprachen zu verwalten. Später hat das JetBrains-Team Pycharm aufgrund seiner Portabilität als eigenständiges Produkt für Nutzerinnen und Nutzer weltweit veröffentlicht. PyCharm ist für alle gängigen Betriebssysteme verfügbar und wird in zwei Varianten angeboten - Community und Professional.

1. Die Community-Version ist eine kostenlose Open-Source-Software, die jeder nutzen kann, um Python-Code zu schreiben. Sie hat jedoch nur begrenzte Funktionen, vor allem in Bezug auf die Versionskontrolle und die Integration von Bibliotheken Dritter.

2. Die Professional-Version ist eine kostenpflichtige IDE, die Entwicklern erweiterte Funktionen und viele Integrationsmöglichkeiten bietet. Mit der Professional-Version können Entwickler ganz einfach Webanwendungen oder Data-Science-Anwendungen mithilfe der PyCharm IDE erstellen

Welche Funktionen bietet PyCharm?

PyCharm ist vor allem wegen der exklusiven Funktionen mit hochwertigen Integrationsmöglichkeiten beliebt, die es begeisterten Python-Entwickler/innen bietet.

1. Code-Editor

Der Code-Editor, der bei PyCharm enthalten ist, zählt zu den besten der Branche. Wenn du mit diesem Editor an neuen Projekten arbeitest, wirst du von den Fähigkeiten der Code-Vervollständigung beeindruckt sein. JetBrains hat mehrere fortschrittliche maschinelle Lernmodelle eingesetzt, um die IDE so intelligent zu machen, dass sie selbst komplexe Programmierblöcke versteht und dem Nutzer Vorschläge unterbreitet.

Der PyCharm-Editor kann auch angepasst werden, um eine bessere Übersicht zu erhalten, wenn du gerade viel als Entwickler/in arbeitest. Die hellen und dunklen Themes, die den Nutzern zur Verfügung stehen, helfen dir dabei, das Thema je nach deiner Stimmung zu ändern.

2. Code-Navigation

PyCharm macht es leicht, Dateien mit einem komplexen und vollständigen Organisationssystem zu verwalten. Spezielle Funktionen wie Lesezeichen (Bookmarks) und der Linsenmodus (Lens Mode) helfen dir dabei, deine essentiellen Programmierblöcke und Codelogiken effektiv zu verwalten.

3. Fortgeschrittenes Refactoring

Pycharm bietet fortschrittliche Refactoring-Funktionen, mit denen du einfach Datei-, Klassen- oder Methodennamen ändern kannst, ohne das Programm zu beschädigen. Wenn du versuchst, deinen Code mit IDLE zu refaktorisieren, wird er sofort beschädigt, weil das standardmäßige Python IDLE nicht intelligent genug ist, um den Unterschied zwischen neuen und alten Namen zu verstehen.

Die meisten Python-Entwickler/innen nutzen die erweiterten Refactoring-Funktionen, wenn sie ihren Code aktualisieren oder zu einer besseren Bibliothek eines Drittanbieters für eine ihrer Softwarekomponenten migrieren wollen.

4. Integration mit Webtechnologien

Die Mehrheit der Python-Entwickler/innen gehört zum Webbereich, da dieser einen großen Teil der Softwareindustrie ausmacht. PyCharm macht es ihnen leicht, ihre Software mit Python-Webframeworks wie Django zu integrieren. Zudem ist PyCharm intelligent genug, um HTML-, CSS- und Javascript-Code zu verstehen, der normalerweise zur Erstellung von Webdiensten verwendet wird.

All diese Funktionen machen es leicht, bestehenden Web-ode in eines der Python-Frameworks zu integrieren.

5. Integration mit wissenschaftlichen Bibliotheken

PyCharm ist auch für seine umfangreiche Unterstützung wissenschaftlicher und fortschrittlicher mathematischer Bibliotheken wie Scipy und Numpy bekannt. Es kann zwar niemals vollständig deine Datenintegration und Datenbereinigung ersetzen, aber es kann dir dabei helfen, eine grundlegende Pseudo-Logik für alle deine Data-Science-Projekte zu erstellen.

6. Software-Tests

PyCharm kann auch hochentwickelte Unit-Testing-Strategien, sogar für komplizierte und große Projekte mit vielen Mitgliedern, durchführen. Es bietet fortschrittliche Debugging-Tools und Fernkonfigurationsmöglichkeiten, um die Vorteile des Alpha- und Beta-Test-Workflows zu nutzen.

Wie arbeitest du mit PyCharm?

Mit den vielen Informationen über PyCharm bist du vermutlich schon davon überzeugt, dass diese Software ein unverzichtbares Entwicklungswerkzeug für dein lokales System ist. In diesem Abschnitt findest du die nötigen Informationen, um PyCharm zu installieren und zu verstehen, wie du es nutzen kannst, um deine Python-Projekte bestmöglich zu verwalten.

Schritt—1: PyCharm installieren

Die Installation von Pycharm ist auf allen Betriebssystemen ziemlich einfach. Dazu musst du nur das Installationspaket der offiziellen Website, oder einem der vielen Paketmanager herunterladen.

Gehe auf die offizielle Website von Jetbrains und besuche die Registerkarte Downloads in der oberen rechten Ecke. Lade die ausführbare Datei oder die dmg-Datei herunter (je nach Betriebssystem) und klicke darauf, um den Anweisungen auf dem Bildschirm zu folgen. Wenn du die professionelle Version der Software herunterladen möchtest, musst du zuerst deine Zahlungsdaten angeben, um eine Testversion herunterzuladen. Sobald der Testzeitraum abgelaufen ist, wird dir der Kaufpreis in Rechnung gestellt und du kannst die Profiversion ohne weiteres nutzen.

Hinweis:

Damit die PyCharm IDE erfolgreich auf deinem System installiert werden kann, musst du sicherstellen, dass Python installiert ist. Die Software erkennt automatisch den Python-Pfad, um die Kernbibliotheken zu installieren.

Schritt—2: Neue Projekte erstellen

Sobald die Software installiert ist, öffnest du die Pycharm IDE aus deinen Anwendungen oder über das Symbol auf deinem Desktop. Sobald Pycharm geöffnet ist, öffnet sich ein neues Popup-Fenster, in dem du ein neues Projekt von Grund auf erstellen kannst. Oben links in der Softwareoberfläche findest du die Option "Datei"(File), mit der du ein neues Projekt öffnen kannst. Weitere Optionen sind das Importieren und Exportieren, um bestehende Projekte zu verwenden, oder das schnelle Speichern aktueller Arbeitsprojekte.

Wenn du zum ersten Mal ein Projekt mit Python öffnest, wirst du aufgefordert, den Python-Interpreter auszuwählen, den du für alle Programmiervorgänge verwenden möchtest. Wähle die Option "virtualenv", wenn du nicht weißt, wo du den Python-Interpreter finden kannst, denn diese Option durchsucht automatisch das System und findet den Python-Interpreter für dich.

Schritt—3: Organisieren mit Pycharm

Wenn du anfängst, Projekte mit Pycharm zu erstellen, ist es wichtig, neue Ordner und Ressourcen für deine Programmdateien anzulegen, damit du besser auf sie zugreifen kannst. Klicke einfach auf die Option Neu --> Ordner, um einen neuen Ordner in deiner Projektoberfläche zu erstellen. In diesem Abschnitt kannst du alle Python-Skripte oder Ressourcen hinzufügen, die du in deiner Software verwendest.

Immer wenn du eine neue Datei in einem separaten Ordner erstellst, wird eine Datei mit der Erweiterung .py erstellt. Wenn du separate Klassendateien oder Vorlagen erstellen möchtest, musst du sie auswählen, indem du explizit eine Datei in deinem Ordner erstellst.

Schritt—4: Erweiterte Funktionen in Pycharm

Sobald der Code geschrieben und integriert ist, kannst du die integrierte IDLE-Schnittstelle oder die spezielle PyCharm-Ausgabeschnittstelle schnell ausführen.

Der gesamte Code, den du schreibst, wird automatisch in Echtzeit gespeichert, sodass du dir keine Sorgen machen musst, dass wichtige Projektdaten aufgrund einer schlechten Netzwerkverbindung oder eines Stromausfalls verloren gehen. Du brauchst nur Strg S oder Cmd S zu drücken, um eine Kopie deines Projekts auf deinem lokalen System zu speichern. Sobald das Programm vollständig ist, kannst du die Tasten Umschalt + F10 verwenden, um den Code mit Hilfe eines Interpreters auszuführen und zu kompilieren.

Du kannst jede Methode, Variable oder jedes Snippet, das du in deinem Projekt verwendet hast, einfach mit den Befehlen Strg F oder Cmd F suchen. Verwende einfach diese Tastenkombination und gib die Details ein, nach denen du suchst.

Sobald der Python-Code importiert und auf dem gewünschten Betriebssystem installiert ist, solltest du damit beginnen, eine Debugging-Projektumgebung einzurichten, um Fehler auf deinem System zu beseitigen. Benutze die Tastenkombination Umschalt + F9, um Haltepunkte zu setzen und logische Probleme zu lösen, ohne die gesamte Codelogik durcheinander zu bringen oder das Kernprogramm in irgendeiner Weise zu beschädigen.

Python Style Guide

In der Anfangszeit war die Python-Programmierung aufgrund der Philosophie, die sie unterstützt beziehungsweise immer noch unterstützt besonders beliebt. Python sollte einfach sein, während andere höhere Programmiersprachen versuchten, komplexer zu sein als sie sind. Pearl ist ein Paradebeispiel dafür, vieles für durchschnittliche Programmierer/innen zu verkomplizieren.

Die Python-Kernentwickler forderten die ersten Python-Anwender auf, eine Reihe von einfachen, allgemein bekannten Prinzipien zu befolgen, die als das "Zen von Python" bekannt sind, um Code zu erstellen, der nicht nur gut funktioniert, sondern auch gut aussieht. Auch zwanzig Jahre nach der Veröffentlichung dieser Prinzipien sind sie für das Programmieren mit Python immer noch relevant und du solltest sie unbedingt kennen.

Um alle Prinzipien zu lesen, gib den folgenden Python-Code in das Terminal ein.

Terminal Code:
```
$ import this
```

Wir werden einige der wichtigsten Prinzipien besprechen, um die Philosophie, die Python vermittelt, besser zu verstehen.

Schön ist besser als hässlich.

Alle Python-Programmierer/innen sind angehalten, semantisch symmetrischen Code zu schreiben und darauf zu achten, dass der Code schön aussieht. Schöner Code erfordert eine gute Strukturierung, und deshalb sollten die Programmierer/innen bedingte Anweisungen (Conditionals) schreiben, ohne den Code zu verkomplizieren. Ein großer Teil des Codes kann auch durch Einrückungstechniken schön gestaltet werden. Schöner Code lässt sich besser lesen und kann auch die Laufzeit verkürzen.

Explizit ist besser als implizit.

Aus welchen Gründen auch immer, versuchen viele Entwickler/innen, ihre Programmierlogik zu verstecken, und machen es anderen schwer, ihre geschriebene Programmierlogik zu verstehen. Python widersetzt sich dieser Routine und ermutigt dazu, die Logik des eigenen Codes explizit zu schreiben, damit er von allen verstanden werden kann. Auch deshalb sind Python Frameworks und Bibliotheken mit offenem Quellcode so beliebt.

Einfach ist besser als komplex.

Wenn du Python programmierst, sollte es dein oberstes Ziel sein, einfachen Code zu schreiben. Wenn du versuchst, die Logik deines Codes zu vereinfachen, wirst du die Programmiersprache, die du verwendest, immer besser beherrschen. Mit der Erfahrung steigt auch deine Fähigkeit, weniger komplizierten Code zu schreiben.

Komplex ist besser als kompliziert.

Wie bei jeder Software musst du manchmal komplexen Code schreiben, der viele Probleme auf einmal lösen kann. Wenn du an komplexem Code arbeitest, achte darauf, dass er nicht zu kompliziert wird. Der effektive Einsatz von Ausnahmen (Exceptions) und Dateien hilft dir, komplizierten Code, der später zu frustrierenden Bugs mutieren kann, schnell zu reduzieren.

Es sollte nur einen Weg geben.

Im Gegensatz zu seinen Vorgängersprachen C und C++ empfiehlt Python, die Einheitlichkeit zu wahren. Als Python-Programmierer/in solltest du nur eine einzige Logik für die verschiedenen Instanzen verwenden, die du in deinem Programm benutzt hast. Einheitlichkeit sorgt für Flexibilität und hilft dir außerdem bei der einfachen Wartung des Codes.

Kapitel 3: Python Grundlagen

Wer Python programmiert, sollte dafür sorgen, dass die Anwendungen dynamisch sind, d. h., dass sie Eingaben direkt vom Benutzer entgegennehmen und Ausgaben entsprechend den Eingaben liefern. Der Python-Interpreter und alle Funktionen in deinem Programm können auf diese vom Benutzer bereitgestellten Eingabewerte zugreifen.

In diesem Kapitel gehen wir auf ein paar Beispielprogramme ein, die dir zeigen, wie du die Benutzerfreundlichkeit der von dir erstellten Software verbessern kannst, und zwar anhand von Ein- und Ausgabevorgängen.

Warum sind Eingabewerte notwendig?

Eingabewerte sind es, die Anwendungen überleben lassen. Von Webanwendungen bis hin zu den neuesten Metaverse-Anwendungen läuft alles mit Hilfe von Eingabewerten, die vom Nutzer bereitgestellt werden. Wenn du dich zum Beispiel bei Facebook anmeldest, musst du deine E-Mail-Adresse und dein Passwort eingeben. Beides wird als Eingabe bezeichnet, und dein Konto wird nur dann authentifiziert, wenn die eingegebenen Informationen korrekt sind.

Selbst fortschrittliche Anwendungen wie die Technologie zur Gesichtserkennung verwenden Gesichtsdatenpunkte als Eingabe. Jede reale Anwendung fragt und sammelt heutzutage Eingabedaten der Nutzer, um ein besseres Nutzererlebnis zu bieten.

Anwendungsfälle:

Nehmen wir an, du hast eine Python-Anwendung für ein erwachsenes Publikum entwickelt, die daher nicht von Personen unter 18 Jahren genutzt werden darf.

Für das obige Szenario können wir eine bedingte Eingabeüberprüfung verwenden, indem wir den Nutzer auffordern, sein Alter einzugeben. Wenn das Alter höher als 18 ist, wird die Anwendung zugänglich. Liegt das Alter hingegen unter 18 Jahren, ist die Anwendung nicht zugänglich. Python nimmt Eingaben von allen unterstützten Datentypen, um festzustellen, ob jemand auf deine Software zugreifen kann oder nicht. Dies ist nur ein Beispiel aus der Praxis. Es gibt unzählige Anwendungen, die du mit den Eingaben deiner Endnutzer/innen durchführen kannst.

Die Funktion input() verstehen

Wenn du mitten in einem Python-Programm eine input()-Funktion aufrufst, hält der Interpreter das Programm an und wartet darauf, dass der Benutzer die Werte mit einem seiner Eingabegeräte wie einer Tastatur, einer Maus oder sogar einem mobilen Touchscreen eingibt.

Benutzer/innen geben ihre Eingaben in der Regel auf der Grundlage der Eingabeaufforderung ein, die sie erhalten. Deshalb solltest du als Entwickler/in darauf achten, dass du eine gute GUI für die Eingabeaufforderung erstellt hast, um reale Anwendungen zu entwickeln. Dieses Kapitel befasst sich mit Text-Anweisungen, die du verwenden kannst.

Sobald die Werte eingegeben sind, müssen Benutzer/innen die "Enter"-Taste auf ihrem System drücken, damit der Interpreter fortfährt und die verwendeten logischen Programmieranweisungen parst.

Beispiel:
```
sample = input ("Aus welchem Land kommst du? " )
print (sample + " ist ein schönes Land")
```

Wenn das obige Programm gestartet und ausgeführt wird, erhält der Benutzer zunächst eine Eingabeaufforderung, wie nachfolgend dargestellt.

Ausgabe:
```
Aus welchem Land kommst du?: USA
USA ist ein schönes Land
```

Du kannst die obige Eingabe in ein anderes Land ändern und beobachten, was passiert?

Ausgabe:
```
Aus welchem Land kommst du?: Frankreich
Frankreich ist ein schönes Land
```

So schreibst du Aufforderungen (Prompts) für den Nutzer

Wenn du die input()-Funktion verwendest und Eingaben vom Benutzer erhalten möchtest, solltest mit besseren Aufforderungen arbeiten, um die Benutzeraufmerksamkeit zu erhalten.

Hinweis: Achte darauf, dass du keine unnötigen Informationen in den Text einfügst. Die Aufforderung sollte so einfach wie möglich sein.

Prompt Code:
```
example = input( "Welches ist dein Lieblingsfußballteam? ")
print ( "Du bist also ein" + example + "Fan. Hurra!")
```

Ausgabe:
```
Welches ist dein Lieblingsfußballteam? Liverpool
Du bist also ein Liverpool Fan. Hurra!
```

Du kannst auch die input()-Funktion verwenden, um mehrere Zeilen mit Strings als Aufforderung an den Benutzer anzuzeigen.

Program Code:
```
prompt = " Dies ist eine Frage, um herauszufinden, was du magst."
prompt += "\n Also, nenne bitte deinen Lieblingsort: "
example = input(prompt)
print (example + " ist ein großartiger Ort zum Besuchen.")
```

Output:
```
Dies ist eine Frage, um herauszufinden, was du magst
Also, nenne bitte deinen Lieblingsort: Paris
```

Paris ist ein großartiger Ort zum Besuchen.

Gleich zu Beginn des Buches haben wir die Funktion print() verwendet, um Text auf dem Bildschirm auszugeben. print() ist die einzige empfohlene Methode zur Ausgabe auf einem Computerbildschirm.

Alle Informationen, die du in die Funktion print() eingibst, werden in ein String-Literal umgewandelt und auf dem Bildschirm angezeigt. Obwohl du die Argumente der print()-Funktion normalerweise nicht kennen musst, ist es dennoch empfehlenswert, einige spezielle Parameter zu kennen, die dir bei der Formatierung deines Codes helfen.

Was sind String-Literale?

String-Literale sind erweiterte Zeichen, mit denen du deine Daten schnell formatieren kannst. \n ist zum Beispiel ein beliebtes Stringliteral, mit dem du deine Daten in einer neuen Zeile eingeben kannst.

\t, \b und \d sind weitere beliebte String-Literale, mit denen du Daten mit einem neuen Tab oder ohne Leerzeichen und Trennzeichen ausgeben kannst.

Was ist ein End Statement?

Die Funktion print() bietet auch ein End Statement für deine Funktion, um alle String-Daten an das Ende deines String-Literales anzufügen, wie nachfolgend gezeigt.

Programmcode:

```
print ("Frankreich ist ein schönes Land. ", end = "nicht wahr? ")
print ("Ja!")
```

Ausgabe:

Frankreich ist ein schönes Land, nicht wahr? Ja!

Im obigen Beispiel ist ", nicht wahr" der angehängte Text

Python-Kommentare

Wenn Programmierteams an komplexen und anspruchsvollen Projekten arbeiten, ist ein reger Austausch zwischen den verschiedenen Programmierer/innen im Team nötig, um das Wesentliche des Projekts zu verstehen. Kommentare helfen an dieser Stelle, Informationen weiterzugeben, ohne das Programm durcheinander zu bringen.

Wenn ein Programmierer Kommentare verwendet, ignoriert der Python-Interpreter die Kommentare und geht zur nächsten Zeile über. Da es in Python viele Open-Source-Projekte gibt, helfen Kommentare dabei, die Integration von Bibliotheken und Frameworks von Drittanbietern in den eigenen Code leichter zu verstehen.

Kommentare können auch dazu beitragen, dass dein Code lesbar und damit besser verständlich ist. Auch wenn eine Erinnerung an die eigene Codelogik für manche Programmierer/innen unnötig erscheint, wirst du überrascht sein, wie oft es vorkommt, dass Programmierer/innen die Logik des eigenen ihnen geschriebene Codelogik vergessen. Wenn du genau weißt, wie du die Logik des Codes geschrieben hast, kann das zukünftig eine große Hilfe sein.

Python unterstützt zwei verschiedene Arten von Kommentaren, die du zwischen deinen Code schreiben kannst.

1. Einzeilige Kommentare

Einzeilige Kommentare sind die gängigste Art von Kommentaren beim Programmieren mit Python, da sie einfach zwischen den Code geschrieben werden können.

Um einzeilige Kommentare zu verwenden, verwendest du das Symbol "#". Alles, was nach diesem Symbol kommt, wird vom Interpreter ignoriert.

Programmcode:
```
# Dies ist ein Beispiel für einen einzeiligen Kommentar, der von einem Raute-Symbol gefolgt wird
print ("Dies ist nur ein Beispiel")
```

Ausgabe:
```
Dies ist nur ein Beispiel.
```

Da du hier einen einzeiligen Kommentar benutzt hast, hat der Interpreter diesen ignoriert und nur das Print Statement ausgeführt.

Warum werden einzeilige Kommentare verwendet?

Einzeilige Kommentare werden hauptsächlich in der Mitte des Codes verwendet, um anderen Programmierer/innen die Funktionsweise der Programmlogik zu erklären und die Funktionen der implementierten Variablen zu erläutern.

2. Mehrzeilige Kommentare

Es ist zwar durchaus möglich, einzeilige Kommentare zu verwenden, um drei oder vier Zeilen fortlaufender Kommentare zu schreiben, aber es ist nicht empfehlenswert, da Python eine bessere Möglichkeit bietet, mehrzeilige Kommentare zu notieren.

In Python kannst du String-Literale verwenden, um mehrzeilige Kommentare zu erstellen, wie im Folgenden gezeigt.

Programmcode:
```
'''
This is a comment
In Python
with multiple lines
 Author: Python Rookie '''
print ("Dies ist nur ein Beispiel ")
```

Ausgabe:
```
Dies ist nur ein Beispiel.
```

Genau wie bei einzeiligen Kommentaren wird nur das Print Statement ausgeführt, wenn du das obige Programm ausführst.

Warum werden mehrzeilige Kommentare verwendet?

Programmierer/innen verwenden oft mehrzeilige Kommentare, um Lizenzdetails zu definieren oder umfassende Informationen über verschiedene Pakete und Methoden mit verschiedenen Implementierungsbeispielen zu erklären. So kann der Code von anderen Programmierer/innen besser verstanden werden.

Reservierte Schlüsselwörter

Reservierte Schlüsselwörter sind die Standardschlüsselwörter einer Programmiersprache, die beim Schreiben des Codes nicht als Bezeichner verwendet werden können. Bezeichner werden normalerweise für Variablen, Klassen- und Funktionsnamen verwendet.

Wenn du ein reserviertes Wort in deinem Programm verwendest, lässt der Interpreter es nicht zu und gibt einen Fehler aus. Wenn du zum Beispiel "for" für eine deiner Variablen verwendest, funktioniert das nicht, weil "for" in der Python-Programmierung normalerweise verwendet wird, um eine bestimmte Art von Loop-Struktur zu definieren.

Zurzeit gibt es 33 reservierte Wörter, die du nicht in deinen Programmen verwenden kannst. Wenn du mit Python programmierst, solltest du diese Schlüsselwörter unbedingt kennen, um bei der Erstellung komplexer Projekte keine unnötigen Fehler zu machen.

Übung:

Um dich mit den Python-Anweisungen vertraut zu machen, die wir zuvor erklärt haben, versuche, die reservierten Schlüsselwörter in Python selbst zu finden, indem du das Python-Terminal benutzt.

Zum Kombinieren von literalen und formellen Aussagen oder Ausdrücken verwenden Programmierer/innen normalerweise einen Operator.

Beispiel:

$2x + 3z = 34$

Hier sind 2x, 3z und 34 Literale, während + und = Operatoren sind, die auf diese Literale angewendet werden, um einen entsprechenden Ausdruck zu bilden.

Operatoren in der Python-Programmierung

Operatoren wurden ursprünglich in der Mathematik verwendet, um mathematische Ausdrücke zu bilden. bei den ersten Programmiersprachen wurden diese Operatoren und die grundlegenden Programmierkomponenten verwendet, um Werte einfach zuzuweisen und zu manipulieren. Operatoren können mit einer beliebigen Anzahl von literalen Werten kombiniert werden, um komplexe Ausdrücke zu bilden, mit denen du anspruchsvolle Algorithmen implementieren kannst.

Beispiel:
```
a = 32
b = 34
print(a + b)
```

Ausgabe:
```
66
```

Hier werden a, b als Operanden bezeichnet, während = und + Operatoren sind, die verwendet werden.

Verschiedene Operator-Typen

Um verschiedene Programmierlogiken zu implementieren, können verschiedene Arten von Operatoren verwendet werden. Die beliebtesten Operatoren sind arithmetische Operatoren, weil sie dabei helfen, mathematische Logik auf verschiedene Literale, wie z. B. Variablen, in den Code zu implementieren.

Addition, Subtraktion, Multiplikation und Division sind die arithmetischen Operatoren, die kennen solltest, wenn du in Python programmieren und bessere Programmstrukturen schreiben möchtest.

1. Additionsoperator

Der Additionsoperator wird verwendet, um zwei Literale in einem Programm zu addieren. Diese Literale können entweder Variablen oder Listen sein und manchmal auch Daten von zwei verschiedenen Datentypen. Der Python-Interpreter ist intelligent genug, um zwei verschiedene Datentypen zu verstehen und ein Ergebnis zu liefern. Das Symbol + wird für die Additionsoperation verwendet.

Programmcode:
```
x = 54
y = 34
z = x + y
# Hier ist + ein Additionsoperator
print(z)
```

Wenn das Programm mit einer IDE oder IDLE ausgeführt wird, addiert der Interpreter die beiden Variablenwerte und gibt sie in z ein, wie im Programm angegeben.

Ausgabe:
```
88
```

2. Subtraktionsoperator

Der Subtraktionsoperator wird verwendet, um zwei Literale in einem Programm zu subtrahieren. Bei diesen Literalen kann es sich entweder um Variablen oder um Listen handeln und manchmal auch um Daten von zwei verschiedenen Datentypen. Für einene Subtraktionsoperation wird das Symbol - verwendet.

Programmcode:

```
x = 54
y = 34
z = x - y
# Hier ist - ein Subtraktionsoperator
print(z)
```

Wenn das Programm mit einer IDE oder IDLE ausgeführt wird, findet der Interpreter die Differenz für die beiden Variablenwerte und gibt sie in z ein, wie im Programm angegeben.

Ausgabe:

```
20
```

3. Multiplikationsoperator

Der Multiplikationsoperator wird verwendet, um das Produkt von zwei Literalen in einem Programm zu ermitteln. Bei diesen Literalen kann es sich entweder um Variablen oder um Listen handeln, manchmal auch um Daten von zwei verschiedenen Datentypen. * ist das Symbol, das für eine Multiplikationsoperation verwendet wird.

Programmcode:

```
x = 5
y = 3
z = x * y
# Hier ist * ein Multiplikationsoperator.
print(z)
```

Wenn das Programm mit einer IDE oder IDLE ausgeführt wird, findet der Interpreter das Produkt für die beiden Variablenwerte und gibt es in z ein, wie im Programm angegeben.

Ausgabe:

```
15
```

4. Divisionsoperator

Mit dem Divisionsoperator kannst du den Divisionsquotienten für zwei Literale in einem Programm ermitteln. Der Quotient kann auch mit Fließkommazahlen bestimmt werden und / ist das Symbol für eine Divisionsoperation.

Programmcode:

```
x = 6
y = 3
z = x / y
# Hier ist / ein Divisionsoperator
print(z)
```

Wenn das Programm mit einer IDE oder IDLE ausgeführt wird, findet der Interpreter den Quotienten für die beiden Variablenwerte und gibt ihn in z ein, wie im Programmierer angegeben.

Ausgabe:
2.0

5. Modulus

Modulus wird normalerweise verwendet, um den Rest einer Division zu ermitteln. Eine Menge Programmierlogik kann mit dem Modulus-Operator implementiert werden. Das Symbol für eine Modulus-Operation ist %.

Programmcode:
```
x = 7
y = 3
z = x % y
# Hier ist % ein Modulus-Operator
print(z)
```

Wenn das Programm mit einer IDE oder IDLE ausgeführt wird, findet der Interpreter den Rest für die beiden Variablenwerte und gibt diesen in z ein, wie im Programm angegeben.

Ausgabe:
1

Hier ist der Quotient 2,33 und der Rest ist 1. Deshalb wird er als Ausgabe für das Programm angezeigt.

Anstatt Fließkommazahlen als Quotient für die Divisionsoperationen darzustellen, kannst du die Operation Floor Division (Abrundungsfunktion und Aufrundungsfunktion) nutzen.

6. Floor Division

Die Floor-Division ist ein alternativer arithmetischer Operator, der oft verwendet wird, wenn man sich keine Sorgen um die Genauigkeit des Ergebnisses machen muss. Dieser Operator zeigt in der Regel die nächstliegende ganze Zahl für den Quotienten an, den man nach einer Division erhält.

Das Symbol für den Operator der Floor Division ist "//".

Programmcode:
```
x = 12
y = 5
z = x // y
# Dies ist ein Floor Division Operator
print (z)
```

Ausgabe:
2

Eigentlich ist der Quotient für das obige Programm 2,4. Da wir jedoch den Floor Division Operator verwenden, gibt das Programm die nächstliegende ganze Zahl als Ausgabe aus.

7. Bitweise Operatoren

Bitweise Operatoren sind erweiterte Operatoren, die häufig verwendet werden, um spezielle Funktionen wie Komprimierung, Verschlüsselung und Fehlererkennung durchzuführen.

Es gibt verschiedene Arten von bitweisen Operatoren, die in allen höheren Programmiersprachen verwendet werden.

- Bitwise AND (&)

- Bitwise OR (|)

- Bitwise XOR (^)

- Bitwise NOT (~)

Alle diese bitweisen Operatoren folgen den Prinzipien der logischen Operatoren aus der Mathematik.

Operator Vorrang

Da es verschiedene Operatoren gibt und mathematische Ausdrücke durch die Kombination verschiedener Operatoren gebildet werden, kann es bei fortgeschrittenen mathematischen Ausdrücken zur Erstellung realer Anwendungen leicht komplex werden. Die Rangfolge der Operatoren gibt beim Programmieren klare Vorgaben, welche Operatoren bei der Durchführung einer mathematischen Operation Vorrang haben.
Wenn die Regeln für den Vorrang von Operatoren nicht beachtet werden, können sich die Werte komplett ändern, was zu Anwendungsabstürzen führt.
Operator-Präzedenzregeln in Python:

● Bei allen mathematischen Ausdrücken, mit denen du in Python zu tun hast, hat die Vorrangigkeit oberste Priorität. Wenn sich Operatoren innerhalb einer Klammer befinden, kümmert sich der Interpreter zuerst um diese und fährt mit den anderen als nächstes fort.

● Der zweite Vorrang wird normalerweise für die bitweisen Operatoren angegeben.

● Die nächste Priorität gilt für mathematische Operatoren, die für Multiplikations- und Divisionsoperationen verwendet werden. *, / , % und // sind die Operatoren, die in der gleichen Reihenfolge bevorzugt werden müssen.

● Der nächste Vorrang wird für die übrigen arithmetischen Operationen wie Addition und Subtraktion angegeben. '+' und '-' sind die Symbole für diese Operatoren.

● Der letzte Operatorenvorrang wird den Vergleichs- und logischen Operatoren gegeben.

Übungen

📖 Schreibe ein Python-Programm, um Eingaben vom Benutzer zu erhalten. Nutze diese Eingabe, um verschiedene arithmetische Operatoren wie Multiplikation und Division zu verwenden. Du kannst auch versuchen, den Rest zu finden.

📖 Erstelle ein Python print()-Statement mit einem Gedicht deiner Wahl.

📖 Erstelle ein Python-Programm, das Unicode-Entwickler/innen dazu ermutigt, Code mit guter Funktionalität zu schreiben.

📖 Schreibe ein Python-Programm, um eine Dezimalzahl in eine Hexadezimalzahl umzuwandeln.

📖 Schreibe ein Python-Programm, das die drei Zahlen x, y und z eingibt und den Wert von $x^2 (2y + 5z)$ berechnet.

Kapitel 4: Python-Variable

Python-Programme brauchen grundlegende Bausteine wie Variablen und Operatoren, damit sie so funktionieren, wie sie sollen. Sowohl Variablen als auch Operatoren machen es am Anfang leicht, die Programmierlogik zu verstehen. So kannst du Algorithmen erstellen, die für das Funktionieren von komplexer Software unerlässlich sind.

Was sind Python-Variable?

Um ein Programm zu erstellen, müssen die Daten effektiv gehandhabt werden. Sowohl die Nutzer als auch die Software interagieren mit Hilfe von Daten. Ohne Daten machen Softwareanwendungen keinen Sinn und erfüllen keinen Zweck für den Endbenutzer. Damit die Softwareanwendungen Daten hoch- oder herunterladen können, werden Variablen eingesetzt.

Das Konzept der Variablen wurde ursprünglich in der Mathematik, der Algebra, verwendet, um Werte zu definieren. Sie sind auch keine Ergänzung der Programmiersprache Python, sondern werden schon seit den Anfängen der höheren Programmiersprachen verwendet, um Daten an einem bestimmten Speicherplatz im Computer zu speichern. Die ersten Anwender der Computerprogrammierung hatten noch Schwierigkeiten, Daten aus dem Computerspeicher zu extrahieren. Aus diesem Grund haben sie das Konzept der Variablen eingeführt. Das Konzept der Variablen aus der Algebra wird genutzt, um Werte im Computerspeicher zu platzieren und sie zu verwenden, wann immer man sie braucht.

Zum Beispiel:

2x+ 3y ist eine mathematische Gleichung.

1. Wenn x = 3 und y = 4 ist, dann ist das Ergebnis der obigen Aussage 18.

2. Wenn x = 2 und y = 6 ist, dann ist das Ergebnis der obigen Aussage 22.

Durch die Verwendung von Variablen kannst du die Programmausgabe entsprechend den Werten, die du ihnen zuweist, ändern. Alle Variablenwerte können einfach ersetzt werden. Wenn du den Wert einer Variablen nicht ersetzen willst, wird sie in der Programmiersprache als Konstante bezeichnet.

Um zu verstehen, wie Variablen funktionieren, sollst du zunächst wissen, wie die Ausführung von Python-Programmen funktioniert. Ich werde es dir mit Hilfe einer Print-Anweisung verdeutlichen.

Program Code:

```
print ("Das ist eine Beispielanalyse.")
```

Ausgabe:

Das ist eine Beispielanalyse.

Wenn das Print Statement im obigen Beispiel auf dem Computerbildschirm eingegeben und ausgeführt wird, wird die Ausgabe sofort angezeigt. Aber im Nachhinein passiert eine Menge, um diese Ausgabe zu erzeugen.

Was passiert?

● Wenn das Programm zum ersten Mal ausgeführt wird, liest es jede Zeile und passt sich den Bibliotheken an, auf die es Zugriff erhalten hat.

● Ein Interpreter führt diesen Abgleich oft mit hohen Parsing-Fähigkeiten durch. Er kann nicht nur feststellen, wofür jedes Zeichen im Programm steht, sondern ist auch in der Lage, die Variablendetails abzugleichen und die Informationen, die in diesem Speicherplatz vorhanden sind, zu ziehen, um die Programmlogik zu überprüfen.

● Selbst nach einem komplexen Parsing, wenn der Interpreter die definierten Methoden oder Variablen nicht finden kann, wird das Programm entweder eine Fehlermeldung oder eine Ausnahme auslösen.

● Im obigen Beispiel erkennt der Interpreter beim Parsen des Print Statements sofort, dass es sich um eine in der Python-Bibliothek definierte Core-Library-Methode handelt und gibt alle String-Literale aus, die sich zwischen den Klammern befinden.

Wenn du die obige Erklärung verstanden hast, bist du so weit, zu lernen, wie Variablen in Python funktionieren.

Programmcode:

```
program = "Das ist eine einfache Analyse."
print (program)
```

Ausgabe:

Das ist eine einfache Analyse.

Was passiert?

● Sobald die Ausführung des Programms startet, parst der Interpreter alle Codezeilen des Programms.

● Anstatt nur ein Print Statement zu sehen, auf das ein Textblock folgt, beobachtet der Interpreter nun einen speziellen Bezeichner (Identifier), der als Variable mit dem Namen 'program' bekannt ist. Er durchsucht den Code vorher und findet heraus, dass die Variable bereits mit einem Text definiert und an einer bestimmten Speicherstelle gespeichert wurde.

● Jetzt gibt der Interpreter die Variable so auf dem Bildschirm aus, wie es im Programm vorgesehen ist, indem er die Daten zieht, die in der Variable definiert sind.

Dies ist der grundlegende Mechanismus, mit dem Variablen funktionieren, auch wenn sie in einer komplexen Code-Logik verwendet werden.

Der Wert der Variablen wird sofort geändert, sobald sie ersetzt werden. Das ist beim Python-Programmieren wichtig, denn alle dynamischen Programme ändern die Variablen entsprechend den Benutzereingaben und ersetzen sie auch dann, wenn das Programm in Echtzeit läuft.

Programmcode:

```
sample = "Das ist ein Beispiel"
print(sample)
sample = "Das ist ein zweites Beispiel"
print(sample)
```

Ausgabe:

```
Das ist ein Beispiel
Das ist ein zweites Beispiel
```

Da wir wissen, dass der Python-Interpreter den Code Zeile für Zeile nacheinander analysiert, wird im obigen Beispiel die erste Anweisung mit dem ersten angegebenen Variablenwert und die zweite Anweisung mit dem zweiten angegebenen Variablenwert gedruckt.

Variablen benennen

Alle Python-Programmierer/innen sollten bei der Erstellung von Variablen die Standardrichtlinien der Python-Community beachten. Wenn du eine dieser Bedingungen nicht befolgst, führt das zu Fehlern in deinen Programmen, die schwer zu ignorieren sind und manchmal sogar zum Absturz deiner Anwendung führen können. Die Verwendung einer bestimmten Richtlinie bei der Erstellung von Programmen kann auch die Lesbarkeit verbessern.

Regeln für das Schreiben von Variablen:

📖 Nach den Python-Richtlinien kannst du nur Zahlen, alphabetische Zeichen und den Unterstrich verwenden, um Variablennamen zu erstellen. Zum Beispiel kann "sample1" als Variablenname verwendet werden, während "$sample1" nicht als Variablenname verwendet werden kann, weil es mit dem nicht unterstützten Symbol $ beginnt.

📖 Bei der Python-Programmierung kann ein Variablenname nicht mit einer Zahl beginnen. So ist beispielsweise "sample1" ein unterstütztes Format für Variablennamen, während "1sample" nicht unterstützt wird.

📖 Reservierte Wörter, die für verschiedene Programmierroutinen bei der Python-Entwicklung verwendet werden, können nicht verwendet werden. Derzeit können 33 reservierte Schlüsselwörter nicht als Identifier (Bezeichner) verwendet werden, um reale Anwendungen mit Python zu erstellen. Ein Beispiel: "for" ist ein reserviertes Schlüsselwort.

📖 Auch wenn dies keine strikte Regel ist, ist es immer gut, eine einfache Methode zur Benennung von Variablen zu verwenden, um die Lesbarkeit zu verbessern. Komplexe oder verwirrende Bezeichnungen für Variablen können deinen Code unsauber aussehen lassen. Während diese Praxis für andere Hochsprachen wie C, C++ und Pearl gut ist, unterstützt Python diese Philosophie nicht.

So definierst du Variablen

Alle in der Programmiersprache Python definierten Variablen verwenden den Zuweisungsoperator (=), um der Variablen zunächst einen Wert zuzuweisen.

Syntaxformat:

Nameofthevariable = valueofthevariable

Zum Beispiel:

```
example = 343
# Dies ist eine Variable mit einem ganzzahligen Datentyp
example1 = " Russia"
# Dies ist eine Variable mit einem String-Datentyp
```

Hier ist example der Name der Variable, die wir erstellt haben, und 343 ist der Variablenwert, den wir bei der Erstellung der Variable angegeben haben.
Sieh dir die obige Methode zur Variablendefinition an. Wir haben nicht explizit einen Variablendatentyp genannt, weil Python intelligent genug ist, die Datentypen der Variablen automatisch zu verstehen.

Wie findest du die Speicheradresse von Variablen?

Alle Variablen werden an einem bestimmten Speicherort gespeichert. Immer, wenn du den Variablennamen aufrufst, zieht der Python-Interpreter die Informationen aus diesem Speicherplatz. Wenn du den Python-Interpreter aufforderst, die Variable zu ersetzen, zieht er einfach den bereits platzierten Variablenwert und ersetzt ihn durch den neuen Variablenwert. Der alte Variablenwert wird gelöscht oder manchmal mit einem Garbage-Mechanismus zur späteren Verwendung gespeichert.

Normalerweise verwenden Programmiersprachen wie C Pointer, um die Informationen über den Speicherort der Variablen einfach zu ermitteln und abzurufen. Python unterstützt jedoch keine Zeiger (Pointer), da dies oft schwierig zu implementieren ist und eine Menge Kompilierkenntnisse erfordert, die der Interpreter normalerweise nicht kennt.

Stattdessen können Python-Entwickler die eingebaute id()-Funktion verwenden, um die Speicheradresse der Variablen einfach zu ermitteln.

Program Code:

```
# Erstelle zunächst eine Variable deines bevorzugten Datentyps
sample = 64
# Rufe nun die eingebaute Funktion id() auf.
memadd = id(first)
print(memadd)
```

Ausgabe:

```
1x37372829x
```

Hier ist 1x37372829x die Speicherstelle der Variablen im Hexadezimalformat.

Du kannst nun die Variable ersetzen und überprüfen, ob die id() geändert wurde oder nicht, indem du die folgende Methode anwendest.

Programmcode:

```
sample = 64
print(id(sample))
sample = 78
# Jetzt haben wir den Variablenwert durch einen neuen ersetzt
print(id(sample))
# Dadurch wird wieder die Ausgabe der Speicherplatzadresse ausgegeben
```

Ausgabe:

```
1x37372829x
1x37372829x
```

Wenn du beobachtet hast, hat sich der Speicherplatz nicht geändert, aber mit einer kleinen Print-Überprüfung kannst du sehen, dass der Variablenwert doch geändert wurde.

Programmcode:
```
sample = 64
id (sample)
sample = 78
print(sample)
```

Ausgabe:
```
78
```

Lokale und globale Variablen in Python

Je nach der Programmierlogik, die du schreibst, können Variablen sowohl lokal als auch global sein. Theoretisch können lokale Variablen nur in bestimmten Methoden oder Klassen verwendet werden, in denen du sie verwenden möchtest. Im Gegensatz dazu können globale Variablen problemlos in jedem Teil des Programms verwendet werden. Wenn du eine lokale Variable außerhalb einer bestimmten Funktion aufrufst, bekommst du in der Regel eine Fehlermeldung vom Python-Interpreter.

Programmcode:
```
# Dies ist ein Funktionsbeispiel mit einer lokalen Variablen
def sample():
example = " Das ist ein Pfad "
print(example)
sample()
```

Output:
```
Das ist ein Pfad
```

In diesem Beispiel ist die Variable als lokale Variable innerhalb einer Funktion definiert. Daher wird sie einen Traceback-Fehler auslösen, wenn du sie innerhalb einer Funktion aufrufst, wie nachfolgend gezeigt.

Programmcode:
```
# Dies ist ein Funktionsbeispiel mit einer lokalen Variablen
def sample():
example = " Das ist ein Pfad"
print(example)
# Dies ist eine zweite Methode.
def secondsample():
print(example)
sample()
secondsample()
```

Ausgabe:
```
Das ist ein Pfad
NameError: name 'example' is not defined
```

Andererseits können globale Variablen verwendet werden, um Variablen für das gesamte Programm zu initiieren.

Programmcode:

```
example = "Das ist ein Pfad"
# Es wurde eine globale Variable erstellt

# Initialisieren wir zwei Methoden
def sample():
print(example)
def secondsample():
print(example)

# Nennen wir sie
sample()
secondsample()
```

Ausgabe:

Das ist ein Pfad
Das ist ein Pfad

Da beide Funktionen auf globale Variablen zugreifen können, werden zwei Print Statements als Ausgabe auf dem Computerbildschirm bereitgestellt.

Hinweis:

Die Entscheidung, welche Art von Variablen du verwenden möchtest, liegt ganz bei dir. Viele Programmierer verlassen sich vor allem auf lokale Variablen, um ihre Anwendungen schneller ausführen zu können. Andererseits kannst du globale Variablen verwenden, wenn du nicht mit einer großen Menge an Speicherverwaltung beschäftigt sein willst.

Kapitel 5: Datentypen in Python

Python-Programmierer/innen haben normalerweise mit vielen Datentypen zu tun, um universelle Anwendungen zu erstellen, die auf verschiedenen Plattformen laufen können. Wenn du mit Python programmierst, solltest du die Bedeutung von Datentypen in der Softwareentwicklung verstehen.

Was sind Datentypen?

Um genau zu sein, sind Datentypen eine Reihe von bereits vordefinierten Werten, die Programmierer/innen beim Erstellen von Variablen verwenden. Da Python keine statisch typisierte Sprache ist, ist es nicht erforderlich, die Datentypen von Variablen explizit zu definieren. Alle statisch typisierten Sprachen wie C und C++ verlangen in der Regel die Definition der Datentypen von Variablen.

Obwohl du beim Programmieren in Python nicht gezwungen bist, sie zu definieren, um Programme zu erstellen, ist es dennoch eine wesentliche Voraussetzung, dich mit den verschiedenen verfügbaren Datentypen vertraut zu machen, um Programme zu entwickeln, die komplex sind und effizient mit den Nutzern interagieren können.

Hier ist ein Beispiel für eine statisch typisierte Sprache und wie sie Variablen definiert.

Programmcode:

```
int age = 12;
```

Hier ist int der definierte Datentyp, age ist der Name der erstellten Variable und 12 ist der Wert, der in der Variable age (Alter) gespeichert werden soll.

Andererseits definiert Python eine Variable, ohne den Variablentyp explizit zu definieren, wie nachfolgend gezeigt.

Programmcode:

```
age = 12
```

Hier werden das Alter und der Wert angegeben. Der Datentyp ist jedoch nicht definiert, da der Python-Interpreter bereits in der Lage ist, zu verstehen, dass der angegebene Wert eine ganze Zahl ist.

Datentypen verstehen

Bevor wir die verschiedenen Datentypen, die von Python unterstützt werden, definieren, werden wir über die grundlegenden Programmierfragmente sprechen, die Entwickler verwenden, um logische Aussagen beim Programmieren zu erstellen.

Beginnen wir mit einer Expression (Ausdruck) und einem Statement (Anweisung). Um logische Aussagen in einer Programmiersprache zu erstellen, werden drei Hauptkomponenten verwendet.

1. Datenbezeichner (Data identifiers)

Dies sind Programmierkomponenten wie Variablen, Listen und Tupel, die zum Speichern von Daten erstellt werden.

Zum Beispiel:

```
x = 34
```

In diesem Programmierfragment ist **x** eine Variable, die erstellt wurde, um sequentielle Daten zu speichern.

2. Literale

Dies sind Werte, die jedem Datenfragment, das in einem Programm erstellt wird, zugewiesen werden.

Zum Beispiel:

```
x = 34
```

In diesem Programmierfragment ist **34** das Literal, das dem erstellten Datenfragment übergeben wird.

3. Operatoren

Operatoren werden verwendet, um bei der Erstellung von Code für reale Anwendungen mathematische Operationen zu implementieren.

Zum Beispiel:

```
x = 34
```

Im obigen Code ist **=** ein Zuweisungsoperator, der hier verwendet wird. Verschiedene andere arithmetische Operatoren wie +, -, *, / sind für die Erstellung von logischem Python-Code geeignet.

Wir werden nun einige der populären Datentypen besprechen, die Python-Programmierer/innen in ihren Anwendungen verwenden.

Strings

Strings sind Datentypen, die normalerweise zur Darstellung von Text verwendet werden. String-Datentypen können zur Textdarstellung verwendet werden, indem sie mit einfachen Anführungszeichen verknüpft werden. Immer wenn ein String-Datentyp erstellt wird, wird ein "str"-Objekt mit einer Folge von Zeichen erstellt.

Menschen kommunizieren in der Regel in Form von Text miteinander. Daher sind Strings die wichtigsten Datentypen, du kennen solltest, um sinnvolle Software zu entwickeln. Die Darstellung von Daten in Strings ist auch deshalb wichtig, weil Computer Daten immer in binärer Form verstehen und deshalb die Verwendung von ASCII- und Unicode-Kodierungsmechanismen unerlässlich ist.

Python 3 hat einen erweiterten Kodierungsmechanismus eingeführt, um Fremdsprachen wie Chinesisch, Japanisch und Koreanisch zu verstehen, was die Verwendung von Strings für die Softwareentwicklung unerlässlich macht.

Wie werden Strings dargestellt?

```
x = 'Das ist ein Beispiel'
print (x)
```

Output:
Das ist ein Beispiel

Alles, was zwischen den einfachen Anführungszeichen steht, gehört zu einem String-Datentyp. Diese String-Daten werden über eine Variable 'x' definiert. Der Speicherplatz und die Größe der Variablen mit einem String-Datentyp wird normalerweise durch die Anzahl der Bits bestimmt, die eine Variable belegt. Die Anzahl der Zeichen in einem String-Datentyp ist direkt proportional zur Anzahl der Bits.

Im obigen Beispiel hat "Das ist ein Beispiel" zusammen mit den Leerzeichen insgesamt 20 Zeichen.

Für dich als Python-Programmierer/in gibt es verschiedene andere Möglichkeiten, Strings zu definieren. Aus Gründen der Konsistenz solltest du bei der Arbeit an realen Projekten immer einen einzigen Typ verwenden.

Programmcode:

```
# Verwendung von doppelten Anführungszeichen zur String-Definition
a = "Dies ist ein Beispiel"
print(a)

# Verwendung von drei Anführungszeichen zur String-Definition
b = ''' Das ist ein Beispiel '''
```

```
print(b)

c = """ Das ist ein Beispiel
 aber mit mehr als einer Zeile """
print(c)
```

Ausgabe:

```
Das ist ein Beispiel
Das ist ein Beispiel
Das ist ein Beispiel
 aber mit mehr als einer Zeile
```

Im obigen Beispielprogramm haben wir drei verschiedene Möglichkeiten zur Definition von Strings definiert. Du kannst auch Sonderzeichen, Symbole und neue Tabulatorzeilen zwischen den Anführungszeichen verwenden. Python unterstützt Escape-Sequenzen, die auch von allen anderen Programmiersprachen verwendet werden. Zum Beispiel ist \n eine Escape-Sequenz, die bei Programmierern beliebt ist, um neue Zeilen zu erzeugen.

Wie kannst du auf Zeichen in Strings zugreifen?

Da Strings die am häufigsten verwendeten Datentypen in Python sind, bietet die Kernbibliothek mehrere eingebaute Funktionen, mit denen du effektiv mit den String-Daten arbeiten kannst.

Um auf Zeichen in einer Zeichenkette zuzugreifen, ist es notwendig, dass du die Indexnummern kennst. Indexnummern beginnen in der Regel mit 0 statt mit 1. Du kannst auch negative Indexierungen und Slicing-Operationen verwenden, um auf einen Teil eines Strings zuzugreifen.

Beispiel:

```
# Wir erstellen eine Zeichenkette, um auf ihre Zeichen zuzugreifen.
first = 'Programmieren'

# Gibt den gesamten String aus
print ('Example used =', first)

# Gibt das erste Zeichen aus
print ('first character =', first[0])

# Gibt das letzte Zeichen mit negativer Indizierung aus
print ( 'last character =', first[-1])

# Gibt das letzte Zeichen mit positiver Indizierung aus
print ( 'last character =', first[12])

# Gibt die ersten 2 Zeichen aus.
```

```
print ( 'Sliced character =' , first[0:2])
```

```
Example used = Programmieren
first character = P
last character = n
last character = n
Sliced character = Pr
```

Da alle String-Datentypen unveränderlich sind, ist es unmöglich, Zeichen in einem String-Literal zu ersetzen. Wenn du versuchst, String-Zeichen zu ersetzen, wird ein Tippfehler (TypeError) als Ausgabe ausgegeben.

Programmcode:

```
first = 'programmieren'
first[1] = 'c'
print(first)
```

Ausgabe:
```
TypeError: 'str' object does not support item assignment
```

Strings formatieren

Python bietet eine einfache Möglichkeit, deine Strings mit Hilfe des Modulus-Operators (%) zu formatieren. % ist auch als String-Formatierungsoperator bekannt.

Programcode:
```
print ( "Italien hat den FIFA-Pokal %d Mal gewonnen" % 4)
```

Ausgabe:
```
Italien hat den FIFA-Pokal 4 Mal gewonnen
```

Um ganze Zahlen zu formatieren, können wir %d verwenden. Du kannst auch %s verwenden, um deinen Text zu formatieren.

Techniken zur Stringmanipulation

Strings sind die am häufigsten verwendeten Datentypen, und die Kernbibliothek von Python bietet verschiedene Manipulationstechniken, die du dir zunutze machen kannst. Wenn du die Techniken zur Manipulation von Strings verstehst, kannst du leicht Daten aus einem großen Pool von Informationen extrahieren. Vor allem in der Datenwissenschaft sind diese Techniken wichtig.

1. Konkatenieren

Die Konkatenation bezieht sich auf das Verknüpfen zweier getrennter Einheiten. Mit diesem Verfahren können zwei Strings mit dem arithmetischen Operator "+" zusammengefügt werden. Um die Lesbarkeit von Strings zu verbessern, kannst du einfach Leerzeichen zwischen die beiden Strings setzen.

Programmcode:

```
example = 'Das ist' + 'ein gutes Beispiel'
print (example)
```

Ausgabe:

```
Das istein gutes Beispiel
```

Denke daran, dass bei der Verkettung keine Whitespaces enthalten sind. Du musst beim Verknüpfen selbst Whitespaces hinzufügen, wie nachfolgend gezeigt.

Programmcode:

```
example = 'Das ist' + ' ' + 'ein gutes Beispiel'
print (example)
```

Ausgabe:

```
Das ist ein gutes Beispiel
```

2. Multiplizieren

Wenn du die String-Multiplikationstechnik verwendest, wird dein String-Wert kontinuierlich wiederholt. Um den String-Inhalt zu multiplizieren, kannst du den * Operator verwenden.

Programmcode:

```
example = 'Gut '* 4
print(example)
```

Ausgabe:

```
Gut Gut Gut Gut
```

3. Anhängen

Mit Hilfe dieser Operatoren kannst du einen beliebigen String an das Ende eines Strings anhängen, indem du den arithmetischen Operator += verwendest. Beachte, dass der angehängte String nur am Ende des Strings angefügt wird, nicht in der Mitte.

Programmcode:

```
example = "Frankreich ist ein schönes Land. "
example += "Du solltest mindestens einmal dort gewesen sein"
print (example)
```

Ausgabe:

```
Frankreich ist ein schönes Land. Du solltest mindestens einmal dort gewesen sein
```

4. Length

Neben der Verwendung von String-Operatoren kannst du auch vorgefertigte Funktionen aus der Kernbibliothek verwenden, um zusätzliche Aufgaben in deinem Code zu erfüllen. Die Funktion length() eines Strings hilft dir zum Beispiel, die Anzahl der Zeichen in einem String zu ermitteln.

Hinweis: Das Leerzeichen wird ebenfalls als Zeichen in einem String gezählt.

Programmcode:
```
example = 'Heute wird es regnen'
print(len(example))
```

Ausgabe:
20

5. Find

Wenn du Strings als primären Datentyp verwendest, gibt es mehrere Fälle, in denen du einen Teil des Strings finden musst. Du kannst die eingebaute find()-Funktion verwenden, um dieses Problem zu lösen. In der Ausgabe wird das erste Mal, wenn die Ausgabe gefunden wird, der Index für die Position zur Überprüfung angegeben.

Hinweis: Der Python-Interpreter liefert nur positive Indexe, wenn du die find()-Funktion verwendest.

Programmcode:
```
example = "Das ist großartig"
sample = example.find('gr')
print(sample)
```

Ausgabe:
8

Wenn der Substring nicht gefunden wird, gibt der Interpreter den Wert -1 aus.

Programmcode:
```
example = "Das ist großartig"
sample = example.find('f')
print(sample)
```

Ausgabe:
-1

6. Groß- und Kleinschreibung

Du kannst die Funktionen lower() für Kleinschreibung und higher() für Großschreibung verwenden, um Zeichen im String in Klein- oder Großbuchstaben umzuwandeln.

Programmcode:
```
example = "China ist das bevölkerungsreichste Land"
sample = example.lower()
print(sample)
```

Ausgabe:

china ist das bevölkerungsreichste land

Program Code:
```
example = "China ist das bevölkerungsreichste Land"
sample = example.upper()
print(sample)
```

Output:
CHINA IST DAS BEVÖLKERUNGSREICHSTE LAND

7. title

Du kannst die Funktion title() verwenden, um das String-Format in das Camel-Case-Format umzuwandeln.

Programmcode:
```
example = "China ist das bevölkerungsreichste Land"
sample = example.title()
print(sample)
```

Ausgabe:
China Ist Das Bevölkerungsreichste Land

Ganzzahlen

Ganzzahlen sind spezielle Datentypen, die Python unterstützt, um ganzzahlige Werte in Python-Code einzufügen. Numerische Werte werden benötigt, um arithmetische Operationen durchzuführen oder um Details über einen statistischen Wert zu liefern. Wenn ein Python-Interpreter einen Datenwert vom Typ Integer sieht, wird er sofort ein int-Objekt mit dem angegebenen Wert erstellen. Du kannst alle int-Objekte ersetzen, wann immer du willst, denn diese Werte sind nicht unveränderlich.

"int"-Datentypen können für die Erstellung verschiedener komplexer Funktionen in deiner Software verwendet werden. Der Wert der Pixeldichte für eine Bild- oder Videodatei wird zum Beispiel normalerweise durch Ganzzahlen dargestellt.

Hinweis:

Als Entwickler/in solltest du die unären Operatoren (+,-) kennen, die zur Darstellung von positiven bzw. negativen ganzen Zahlen verwendet werden können. Für positive ganze Zahlen brauchst du den unären Operator nicht extra anzugeben, aber für negative ganze Zahlen ist die Angabe des Operators ein Muss.

Programmcode:

```
x = 25
y = -45
print(x)
print(y)
```

Ausgabe:

```
25
-45
```

Python unterstützt große numerische Werte mit bis zu zehn Ziffern. Auch wenn die meisten realen Anwendungen keine Engpässe aufgrund höherer Zahlenwerte verursachen, solltest du dennoch darauf achten, dass du keine allzu großen Ganzzahlen verwendest.

Gleitkommazahlen

Nicht alle numerischen Werte sind ganze Zahlen. Manchmal musst du mit Daten umgehen, die einen dezimalen Wert haben. Python bietet hier die Möglichkeit, diese Daten mit Hilfe von Gleitkommazahlen zu verarbeiten. So kannst du Dezimalwerte mit bis zu zehn Nachkommastellen verarbeiten.

Programmcode:

```
x = 4.2324324
y = 67.32323
```

```
print(x)
print(y)
```

Ausgabe:
```
4.2324324
67.32323
```

Du kannst auch Gleitkommazahlen verwenden, um Daten in hexadezimaler Notation darzustellen.

Programmcode:
```
A = float.hex(23.232)
print(A)
```

Ausgabe:
```
0x1.71f7ced916873p+4
```

Viele Python-Programmierer verwenden auch Gleitkomma-Datentypen, um komplexe und exponentielle Zahlen darzustellen.

Boolescher Datentyp

Boolesche Werte sind spezielle Datentypen, die normalerweise verwendet werden, um einen True- oder False-Wert darzustellen, wenn zwei verschiedene Werte verglichen werden.

Programmcode:
```
A = 32
B = 64
print (A > B)
```

Ausgabe:
```
False
```

Im obigen Beispiel ist die Ausgabe False, weil der Wert von A nicht größer ist als der Wert von B. Boolesche Datentypen sind praktisch, wenn es um logische Operationen geht.

Kapitel 6: Erweiterte Datenstrukturen in Python

Python-Programmierer/innen gehen oft mit vielen Daten um, weshalb die ständige Verwendung von Variablen nicht empfehlenswert ist. Vor allem Data Scientists, die oft mit einer großen Menge an Daten umgehen müssen, können mit der Menge an dynamischen Daten, mit denen sie zu tun haben, überfordert sein. Um an komplexen und datenintensiven Projekten arbeiten zu können, solltest du unbedingt die Listenoption nutzen, die in der Kernbibliothek von Python enthalten ist. Diese ähneln Datenstrukturen von Arrays, die in Kernprogrammiersprachen wie C und C++ verfügbar sind.

Das Verständnis verschiedener Datenstrukturen, die Python zur Verfügung stellt, und das Erlernen von Techniken zum Hinzufügen oder Ändern von Daten mithilfe dieser Datenstrukturen ist eine wesentliche Voraussetzung für das Programmieren mit Python.

Listen verstehen

Listen sind ein Python-Datentyp, der es ermöglicht, verschiedene Datentypen in sequenzieller Reihenfolge anzuhängen. Listen haben alle Eigenschaften, die auch Variablen haben. Sie können mit Hilfe mehrerer Methoden, die die Python-Kernbibliothek bereitstellt, einfach ersetzt, übergeben oder manipuliert werden.

Listen werden in Python normalerweise wie folgt dargestellt:

        [32, 33, 34]

Hier sind 32, 33 und 34 die Listenelemente. Es ist wichtig zu verstehen, dass alle Listenelemente den Datentyp Ganzzahl haben und nicht explizit definiert sind, weil der Python-Interpreter ihre Datentypen erkennen kann.

Wie du siehst, beginnen und enden Listen im obigen Format mit einer eckigen Klammer. Alle Elemente in der Liste werden außerdem durch ein Komma getrennt. Wenn die Elemente in einer Liste vom Datentyp String sind, werden sie normalerweise in Anführungszeichen gesetzt. Alle Elemente in einer bestimmten Liste können auch als Items bezeichnet werden.

Beispiel:

        [Nevada, Ohio, Colorado]

Hier werden Nevada, Ohio und Colorado als Elemente der Liste bezeichnet.

Alle Listen können einer Variablen zugewiesen werden, wie du im Folgenden an einem Beispiel siehst.

Jetzt wird die Liste wie jeder andere Datentyp ausgegeben, wenn du die Variable ausgibst.

Programmcode:
```
sample = [ 'Nevada', 'Ohio', 'Colorado']
print(sample)
```

Ausgabe:
```
['Nevada', 'Ohio', 'Colorado']
```

Leere Listen

Wenn eine Python-Liste keine Elemente enthält, kann sie als leere Liste bezeichnet werden. Eine leere Liste wird in der Regel auch als Null-Liste bezeichnet und normalerweise als [] dargestellt.

Programmcode:
```
example = []
```

Dies ist eine leere Python-Liste.

In Listen indexieren

Python bietet eine einfache Möglichkeit, die Elemente in einer Liste zu manipulieren oder zu ersetzen, insbesondere mit Hilfe von Indexen. Indexe beginnen in der Regel mit 0 und bieten dir viele Funktionen wie das Slicing und die Suche, um sicherzustellen, dass deine Programme gut funktionieren.

Nehmen wir an, dass es eine Liste gibt, die wir schon einmal benutzt haben.

Mit Hilfe der Indexe geben wir jedes Item auf dem Computerbildschirm aus.

Programmcode:
```
example = ['Ohio', 'Nevada', 'Colorado']
example[0]
example [1]
example [2]
```

Ausgabe:
```
'Ohio'
'Nevada'
'Colorado'
```

Wenn der Python-Interpreter im obigen Beispiel 0 als Index erkennt, wird er das erste Element ausgeben. Wenn der Index steigt, erhöht sich auch die Position in der Liste.

Wir können die Elemente in der Liste auch wie im Folgenden gezeigt zusammen mit einem String-Literal aufrufen.

Programmcode:

```
example = ['Ohio', 'Nevada', 'Colorado']
print( example [2] + ' ist eine großartige Stadt' )
```

Ausgabe:
Colorado ist eine großartige Stadt

Wenn du beim Aufrufen von Listen einen Indexwert angibst, der höher ist als die vorhandenen Listenelemente, wird ein Indexfehler als Ausgabe ausgegeben.

Programmcode:

```
example = ['Ohio', 'Nevada', 'Colorado']
print(example[3])
```

Ausgabe:
Index error: list index out of range

Hinweis: Es ist auch wichtig zu wissen, dass du Gleitkommazahl (floating-point) nicht als Indexwert verwenden kannst.

Programmcode:

```
example = ['Ohio', 'Nevada', 'Colorado']
print(example[ 3.2])
```

Ausgabe:
TypeError: list indices must be integers or slices, not float

Alle Listen können andere Listen als ihre Elemente haben, wie folgendes Beispiel zeigt. Alle Listen innerhalb einer Liste werden als untergeordnete Listen (child list) bezeichnet.

Programmcode:

```
x = [1,223,2,45,63,22]
print(x)
```

Ausgabe:
[1, 223, 2, 45, 63, 22]

Du kannst die Elemente in der untergeordneten Liste mit dem Format 'list [ ][ ]' aufrufen.

Programmcode:

```
x = [1,223,2,45,63,22]
print(x[0:3][2])
```

Ausgabe:

2

Wie im obigen Beispiel ist das dritte Element in der zweiten Liste 22, und es wird als Ausgabe angezeigt.
Du kannst die Elemente in einer Liste auch mit einem negativen Index aufrufen. Normalerweise bezieht sich -1 auf den letzten Index, während sich -2 auf das Element vor dem letzten Element bezieht.

Programmcode:

```
example = ['Ohio', 'Nevada', 'Colorado']
print(example[-1])
```

Ausgabe:

```
Colorado
```

Du hast nun gelernt, wie Listen dargestellt werden. Im nächsten Abschnitt werden wir über einige der Funktionen sprechen, die mit Hilfe einer Listendatenstruktur manipuliert werden können.

Slicing mit Hilfe von Listen

Das Slicen von Listen hilft dir dabei, dich nicht mit einer überwältigenden Anzahl von Elementen in einer Liste auseinanderzusetzen. Durch das Slicing kannst du dich nur auf den Teil einer Liste konzentrieren, der dich für deine Programmlogik interessiert.

Syntax:

Listname[start of the index: end of the index]

Ein Doppelpunkt wird normalerweise verwendet, um den Anfangsindex der Liste und den Endindex der Liste, die du aufteilen willst, zu trennen.

Programmcode:

```
sample = [12,32,21,24,65]
print(sample[0:2])
```

Ausgabe:

```
[12,32]
```

Beim Slicen der Listenelemente sollst du weder den Anfang noch das Ende der Liste angeben. Wenn du nichts eingibst, nimmt der Interpreter automatisch an, dass es sich um das erste oder letzte Element in der Liste handelt.

Beispiel:
```
sample = [12,32,21,24,65]
print(sample[:3])
```

Ausgabe:
```
[12,32,21]
```

Da im obigen Beispiel der Slice-Wert vor dem Semikolon nicht angegeben wurde, ging der Interpreter davon aus, dass er vom ersten Element stammt.

Zum Beispiel:
```
sample = [12,32,21,24,65]
print(sample[2:])
```

Ausgabe:
```
[21,24,65]
```

In diesem Beispiel hat der Interpreter angenommen, dass der Wert nach dem Semikolon das Ende der Liste ist.
Wenn beide Werte nicht angegeben werden, wird die komplette Liste ausgegeben, wie im Folgenden gezeigt.

Programmcode:
```
sample = [12,32,21,24,65]
print(sample[:])
```

Ausgabe:
```
[12, 32, 21, 24, 65]
```

Abfragen der Listenlänge
Du kannst die enthaltene Funktion list() verwenden, um schnell die Länge der Liste zu ermitteln.

Programmcode:
```
sample = [12,32,21,24,65]
print(len(sample))
```

Ausgabe:
```
5
```

Zuweisen von Werten in einer Liste

Wie im Folgenden gezeigt, kannst du die Werte innerhalb einer Liste ganz einfach mit dem Zuweisungsoperator ändern.

Programmcode:
```
sample = [12,32,21,24,65]
sample [2] = 34
print(sample)
```

Ausgabe:
```
[12, 32, 34, 24, 65]
```

Du kannst auch einen Listenwert durch einen bereits vorhandenen Listenwert ersetzen, wie nachfolgend gezeigt.

Programmcode:
```
sample = [12,32,21,24,65]
sample[2] = sample[1]
print(sample)
```

Ausgabe:
```
[12, 32, 32, 24, 65]
```

Listenkonkatenation

Mit dem arithmetischen Operator '+' kannst du ganz einfach zwei Listen kombinieren.

Programmcode:
```
sample = [12,32,21,24,65]
example = [11,22,33]
print(sample + example)
```

Ausgabe:
```
[12, 32, 21, 24, 65, 11, 22, 33]
```

Listenmuliplikation

Mit dieser Funktion kannst du Listenelemente schnell mit dem Operator "*" multiplizieren.

Programmcode:
```
print([2,4,6] * 3)
```

Ausgabe:
```
[2, 4, 6, 2, 4, 6, 2, 4, 6]
```

Löschen von Elementen

Mit der Anweisung "del" kannst du ein Element ganz einfach aus einer Liste entfernen.

Programmcode:
```
sample = [2,3,4,6,8]
del(sample[2])
print(sample)
```

Ausgabe:
```
[2, 3, 6, 8]
```

Verwendung der "in"- und "not in"-Operatoren

Python bietet eine einfache Möglichkeit, mit den logischen Operatoren 'in' und 'not in' zu entscheiden, ob ein Listenelement in einer Liste vorhanden ist oder nicht. Diese Funktion gibt als Ergebnis einen der beiden booleschen Werte True oder False aus.

Programmcode:
```
print('Fußball' in ['Kricket', 'Fußball', 'Hockey'])
```

Ausgabe:
```
True
```

index()

Mit der Listenfunktion index() kannst du ganz einfach die Indexposition für ein Element in der Liste ermitteln.

Programmcode:
```
x = [32,23,12]
print(x.index(23))
```

Ausgabe:
```
1
```

Wenn du ein Listenelement angibst, das sich nicht innerhalb der Liste befindet, wird ein TypeError (Typfehler) ausgegeben.

Programmcode:
```
x = [32,23,12]
print(x.index(49))
```

Ausgabe:
```
ValueError: 49 is not in list
```

insert()

Mit Hilfe der Funktion insert() kannst du ein neues Element an einer beliebigen Stelle der Liste anfügen.

Syntax:
```
insert( index position, 'item')
```

Programmcode:
```
x = [32,23,12]
x.insert(2,11)
print(x)
```

Ausgabe:
```
[32, 23, 11, 12]
```

Hier wird das Element an der dritten Position hinzugefügt, und das dritte Element wird an die vierte Position geschoben.

sort()

Mit Hilfe der Funktion sort() können Python-Entwickler alle Elemente in einer Liste entweder in aufsteigender oder absteigender Reihenfolge sortieren.

Programmcode:
```
x = [23,12,11,45]
x.sort()
print(x)
```

Ausgabe:
```
[11, 12, 23, 45]
```

Wenn du Strings in der Liste verwendest, wird die Liste in alphabetischer Reihenfolge sortiert.

Programmcode:
```
x = ['USA', 'China', 'Russia', 'UK']
x.sort()
print(x)
```

Ausgabe:
```
['China', 'Russia', 'UK', 'USA']
```


Tupel verstehen

Auch wenn Listen beliebte Datenstrukturen sind, die beim Programmieren mit Python häufig zum Einsatz kommen, gibt es bei ihrer Implementierung einige Probleme. Da alle Listen, die mit Python erstellt werden können, gegenseitige Objekte sind, können sie leicht ersetzt, gelöscht oder manipuliert werden.

Als Softwareentwickler/in musst du manchmal unveränderliche Listen verwalten, die nicht in irgendeiner Weise manipuliert werden können. An dieser Stelle kommen Tupel ins Spiel. Es ist nicht möglich, initiierte Elemente innerhalb von Tupeln irgendwie zu ändern. Wenn du versuchst, den Inhalt eines Tupels zu ändern, wird ein TypeError als Ausgabe angezeigt.

Programmcode:

```python
# Erstellen eines Tupels mit Python
example = ('Erde' , 'Venus' , 'Mars')
print(example)
```

Ausgabe:
```
('Erde', 'Venus' , 'Mars' )
```

Im obigen Beispiel haben wir gerade ein Tupel initiiert und die Funktion print verwendet, um es auf dem Bildschirm auszugeben.

Hinweis:

Denke daran, dass Tupel (im Gegensatz zu Listen) nicht mit eckigen Klammern dargestellt werden, sondern mit Klammern, um sie leicht von Listen zu unterscheiden.
Um zu verstehen, wie Tupel funktionieren, kannst du ein Element aus dem obigen Beispiel ändern und das Tupel printen, um zu sehen, was passiert.

Programmcode:

```python
example = ('Erde' , 'Venus' , 'Mars')
print(example)

# Tupel-Details printen, nachdem ein Element ersetzt wurde
example[2] = 'Jupiter'
print(example)
```

Ausgabe:
```
('Erde', 'Venus' , 'Mars')
TypeError: 'tuple' object does not support item assignment
```

Sobald im obigen Beispiel ein Element des Tupels geändert wird, gibt der Interpreter eine Fehlermeldung aus. Dies zeigt, dass alle Elemente in einem Tupel unveränderlich sind und deshalb nicht ersetzt, gelöscht oder hinzugefügt werden können.

Tupel konkatenieren

Wie bei den vielen Listenoperationen, die wir zuvor durchgeführt haben, können wir auch Tupel verwenden, um bestimmte Operationen auszuführen.
Genau wie bei Listen kannst du zum Beispiel die Elemente in einem Tupel mit Python addieren oder multiplizieren.

Programmcode:

```
sample1 = (45,34,23)
sample2 = (32,12,11)
# Wir fügen nun zwei Tupel hinzu
print(sample1 + sample2)
```

Ausgabe:
(45, 34, 23, 32, 12, 11)

Im obigen Beispiel werden zwei Tupel mit dem Additionsoperator konkatiniert (verknüpft). Auf die gleiche Weise kannst du den Multiplikationsoperator verwenden, um die Elemente in deinem Tupel schnell zu erweitern.

Wir können auch andere Tupel innerhalb eines Tupels platzieren. Dieser Vorgang wird normalerweise als Nesting von Tupeln bezeichnet.

Programmcode:

```
A = (23, 32,12)
B = ('Tokyo', 'Paris', 'Washington')
C = (A,B)
print(C)
```

Ausgabe:
((23, 32, 12), ('Tokyo', 'Paris', 'Washington'))

Im obigen Beispiel sind zwei Tupel in einem anderen Tupel verschachtelt.

Replikation

Du kannst die Werte auch wiederholen, wenn du mit Listen arbeitest, indem du den Operator * verwendest.

Programmcode:

```
A = (2,3,4) * 3
print(A)
```

Output:
(2, 3, 4, 2, 3, 4, 2, 3, 4)

Wie bereits erwähnt, ist es nicht möglich, die Werte von Tupeln zu ändern, da sie unveränderlich sein sollen. Sehen wir uns an, was passiert, wenn wir versuchen, einen Wert durch einen anderen zu ersetzen.

Programmcode:

```
x = (32,64,28)
x[2] = 12
print(x)
```

Output:

TypeError: 'tuple' object does not support item assignment

Slicing mit Tuples

Wenn du mit Listen arbeitest, kannst du die Werte auch mit dem Operator * wiederholen.

Programcode:
```
x = (12,13,14,15,16)
print(x [ 1:3])
```

Ausgabe:
```
(13,14)
```

So kannst du Tupel löschen

Es ist nicht möglich, ein bestimmtes Element in einem Tupel zu löschen, aber es ist möglich, das Tupel komplett zu löschen, indem du folgende Anweisung verwendest.

Programmcode:
```
x = ( 12,13,14,15,16)
del x
print(x)
```

Ausgabe:
```
NameError: name 'x' is not defined
```

Dictionaries verstehen

Dictionaries sind spezielle Datenstrukturen, die Python zur Verfügung stellt, um Werte paarweise zu speichern, anstatt einzelne Werte, wie es bei Listen und Tupeln üblich ist. Dictionaries verwenden key: value pairs (Schlüssel-Wert-Paar), um sicherzustellen, dass die bereitgestellten Daten besser optimiert sind und besser funktionieren. Dictionaries werden außerdem durch geschweifte Klammern dargestellt, wodurch sie sich von Listen und Tupeln unterscheiden.

So erstellst du ein Dictionary

Wie gesagt, werden Dictionaries mit einem key: value pair (Schlüssel-Wert-Paar) definiert und durch Kommata getrennt. Alle Elemente werden in eine Reihenfolge gebracht und sollten voneinander getrennt werden.

Syntax:

Dictionarysample = { key: value , key: value ....) }
Du kannst eine beliebige Anzahl von Schlüssel-Wert-Paaren in ein Dictionary einfügen.

Beispiel:

Hauptstädte = { 'USA': 'Washington' , 'Russland': 'Moskau' , 'China': 'Beijing' }
print(Hauptstädte)

Ausgabe:

{'USA': 'Washington', 'Russland': 'Moskau', 'China': 'Beijing'}

Du kannst sogar ein nested Dictionary erstellen. Ein nested Dictionary ist ein Dictionary innerhalb eines Dictionarys:

Hauptstädte = {'USA':'Washington', 'Russland':'Moskau', 'China':'Beijing', 'Australien':{ 'Canberra', 'Wellington'}}
print(Hauptstädte)

Ausgabe:

{'USA': 'Washington', 'Russland': 'Moskau', 'China': 'Beijing', 'Australien': {'Canberra', 'Wellington'}}

Im obigen Beispiel hat der letzte Schlüssel-Paar-Wert (key: pair value) ein Dictionary mit zwei seiner Schlüssel-Paar-Werte.

Übungen

📖 Schreibe ein Python-Programm, das eine Matrix mit Hilfe von Listen erstellen und eine inverse Matrix liefern kann.

📖 Schreibe ein Python-Programm, um ein paar Listen zu erstellen, die miteinander interagieren, um ein Spiel mit Worträtseln zu spielen..

📖 Schreibe ein Python-Programm, um alle Elemente in der Liste umzukehren und die Zeichenlänge aller Strings in der Liste herauszufinden

📖 Schreibe ein Python-Programm, um die Werte und Schlüsselpaare in einem Dictionary effektiv auf- oder absteigen zu lassen.

📖 Schreibe ein Python-Programm, um eine Liste zu erstellen, die populäre N Synonyme mit Bedeutungen enthält (du kannst mit N = 10 starten)

📖 Schreibe ein Python-Programm, um ein Dictionary zu invertieren und seine Elemente durch die RGB-Werte (RGB values) der Farben Blau, Grün und Orange zu ersetzen.

Kapitel 7: Bedingungen und Schleifen

Jedes Computerprogramm muss Entscheidungen für die reale Nutzung treffen. Eine mobile Anwendung mit erweiterter Software nutzt zum Beispiel deine Eingaben, um das anzuzeigen, was du möchtest. Der Nutzer trifft Entscheidungen, während er in einer mobilen oder Web-Anwendung surft. Programme müssen so intelligent sein, dass sie je nach der Entscheidung des Nutzers eine entsprechende Oberfläche bereitstellen. Dieses dynamische Denken ist dem menschlichen Denken sehr ähnlich.

Um sicherzustellen, dass deine in Python geschriebenen Programme diese Bedingungen nachahmen, solltest du dich mit Bedingungen (Conditionals) und Schleifen (Loops) auskennen. Das sind höhere Programmierstrukturen, die deine Python-Programme effektiver machen.

Bedingungen und Schleifen können dir auch dabei helfen, die Ausführungszeit zu verkürzen, sodass die Programme schneller laufen. Wenn du als Python-Programmierer/in mit namhaften Teams zusammenarbeiten willst, solltest du diese Techniken kennen, denn sie sind auch eine Voraussetzung für weiterführende Themen wie Funktionen und Module, die wir später besprechen werden.

Vergleichsoperatoren

Um Bedingungen (Conditionals) und Schleifen (Loops) praktisch zu verstehen, solltest du die verschiedenen Vergleichsoperatoren kennen, die Python als Programmiersprache unterstützt.

Vergleichsoperatoren vergleichen in der Regel zwei Operanden miteinander und liefern ein Ergebnis in Form eines booleschen Wertes, entweder ein True oder ein False.

Hinweis: True und False sind spezielle boolesche Werte, die von der Programmiersprache Python unterstützt werden, damit Programme relevante Entscheidungen treffen können. Diese booleschen Werte basieren auf den Grundlagen der logischen Gates, die in Mikroprozessoren vorhanden sind.

1. Kleiner als (<) Operator

Ein Kleiner-als-Operator prüft normalerweise, ob der Wert des Wertoperanden kleiner als der Wert des rechten Operanden ist oder nicht.

Programmcode:
```
x = 64 < 83
print(x)
```

Ausgabe:
True

Programmcode:
```
x = 73 < 45
print(x)
```

Ausgabe:
False

In den beiden obigen Beispielen wird im ersten Fall True ausgegeben, weil 64 kleiner als 83 ist, während im zweiten Fall False ausgegeben wird. Schließlich ist 73 nicht kleiner als 45. Das gleiche Prinzip kannst du auf Gleitkommawerte mit einem Kleiner-als-Operator anwenden.

Programmcode:
```
x = 8.3 < 43
print(x)
```

Ausgabe:
True

Du kannst den Kleiner-als-Operator auch verwenden, um Strings mithilfe des ASCII-Formats zu vergleichen.

Programmcode:
```
x = 'Sample' < 'sample'
print(x)
```

Ausgabe:
True

Im obigen Beispiel wird der boolesche Wert als True angezeigt, weil der ASCII-Wert der Kleinbuchstaben normalerweise höher ist als der der Großbuchstaben.

Übung:
Finde die ASCII-Summe für das oben erwähnte Wort sample heraus.
Du kannst diese Vergleichsoperatoren auch bei anderen Datenstrukturen wie Tupel anwenden. Vergewissere dich jedoch vor einem Abgleich, dass alle Werte in einem Tupel demselben Datentyp entsprechen.

Programmcode:
```
print(( 22,25,34) < ( 32, 34, 46, 76))
```

Ausgabe:

True

Wenn die Tupel unterschiedliche Datentypen haben, wird eine Fehlermeldung auf dem Terminal angezeigt.

Programmcode:
```
print(( 1,2,3) < ('one', 34, 56) )
```

Ausgabe:
TypeError: '<' not supported between instances of 'int' and 'str'

2. Größer als (>) Operator

Ein Größer-als-Operator prüft normalerweise, ob der Wert des linken Operanden größer ist als der Wert des rechten Operanden oder nicht.

Programmcode:
```
print(48 > 64)
```

Ausgabe:
False

Im ersten Beispiel ist der boolesche Wert False, weil der rechte Operandenwert 48 nicht größer als 64 ist. Im zweiten Beispiel hingegen ist der boolesche Wert True, weil der rechte Operandenwert 33 größer ist als der linke Operandenwert 21.
Du kannst denselben relationalen Operator auch mit Gleitkommawerten und anderen Datentypen wie Tupeln verwenden.

3. Gleich (== Operator)

Ein Gleichheitsoperator prüft, ob die Werte des rechten und linken Operanden gleich sind oder nicht. Wenn die beiden Operandenwerte gleich sind, ist der boolesche Wert True. Wenn nicht, ist der boolesche Wert False.

Programmcode:
```
print(64 == 64)
```

Ausgabe:
True

Programmcode:
```
print(43 == 42)
```

Ausgabe:
False

Control Flow Statements

Nachdem du nun das nötige Wissen über Vergleichsoperatoren hast, kannst du dich mit den verschiedenen Steueranweisungen (Control Statements) vertraut machen, die eine wichtige Voraussetzung für begeisterte Python-Entwickler sind. Um unkomplizierte Codes für Anfänger zu schreiben, verwenden Programmierer/innen normalerweise Control Flow Statements.

Sequentielle Struktur

Bei einer sequentiellen Struktur werden alle Schritte deines Programms normalerweise linear ausgeführt. Viele Programme folgen einer sequentiellen Struktur, um keinen komplizierten Code zu erstellen. Die Erstellung eines sequentiellen Codes erfordert jedoch einiges an Geschick und es ist immer wieder eine Herausforderung, Programmierlogik mit einem linearen Ansatz zu entwickeln.

Beispiel:

```
a = 34
print ( a, "ist meine Lieblingszahl")
```

Ausgabe:

```
34 ist meine Lieblingszahl
```

Im obigen Beispiel hat der Python-Interpreter den Code linear Zeile für Zeile geparst, um eine Ausgabe zu erhalten.

Bedingungen

Bedingungen sind bekannte Programmierstrukturen, die dazu dienen, nur einen Teil des Programms auszuführen und den restlichen logischen Code in Abhängigkeit von den bedingten Anweisungen zu überspringen.
In einer bedingten Struktur werden nur Teilanweisungen ausgeführt und helfen dem Python-Interpreter, viel Zeit zu sparen, indem er nicht den gesamten geschriebenen Code parsen muss.
If und if-else bedingte Strukturen sind bekannte bedingte Branches, die bei der Programmierung in Python verwendet werden.

Schleifen

Wenn dieselbe Anweisung oder dieselbe Programmierlogik in einem Programm immer wieder auf der Grundlage logischer Schlussfolgerungen ausgeführt werden soll, kannst du Schleifen (Loops) verwenden. Der Python-Interpreter ermöglicht es dir, einen Programmierschritt so lange auszuführen, bis die Bedingung erfüllt ist.

Um die Schleifen besser nutzen zu können, solltest du eine Start- und Endlogik für die Schleife schreiben.

While-Loops und for-Schleifen sind populäre Loops, mit denen du in deinem Code experimentieren kannst.

Bedingte If-Else-Anweisungen

Bedingte Anweisungen hängen von grundlegenden Entscheidungen ab, um bestimmte Operationen durchzuführen. Wenn die Bedingung nicht erfüllt ist, wird dieser bestimmte Block in der bedingten Logik übersprungen.

Python bietet eine einfache if-else-Anweisung, um mithilfe einer logischen Anweisung zwischen zwei Blöcken zu wählen.

Syntax:

```
if condition:
execute statement
else:
execute statement
```

Programmcode:

```
number = 43
if number % 3 == 0:
print ("Diese Zahl ist durch 3 teilbar")
else:
print ("Diese Zahl ist nicht durch 3 teilbar")
```

Ausgabe:

Diese Zahl ist nicht durch 3 teilbar

Erklärung:

● Zunächst ist es erforderlich, eine Variable zu definieren, die beim Aufstellen der Bedingung für die if-else-Anweisung verwendet werden kann.

● Der Code, der schließlich nach der if-else-Anweisung ausgeführt wird, muss eingerückt werden.

● Erweiterte Programme verwenden automatische Eingabemethoden, um die Werte von den Benutzern selbst zu übernehmen.

● Sobald die Variable gespeichert ist, analysiert der Interpreter nun die Bedingung, die vom if-Block verwendet wird.

● Der Python-Interpreter führt eine Restoperation durch und findet heraus, ob die Zahl durch 3 teilbar ist oder nicht.

● Wenn sie durch 3 teilbar ist, sollte der Block unter der if-Anweisung ausgeführt werden.

● Da die Bedingung falsch ist, überspringt der Interpreter den if-Block und führt die Anweisung im else-Block aus, weshalb die entsprechende Ausgabe angezeigt wird.

Im Folgenden findest du ein Beispiel mit der Bedingung, die den if-Block erfüllt.

Programmcode:

```
number = 40
if number % 4 == 0:
print ("Diese Zahl ist durch 4 teilbar")
else:
print ("Diese Zahl ist nicht durch 4 teilbar")
```

Ausgabe:

Diese Zahl ist durch 4 teilbar

Da die Bedingung wahr ist, wird das Print-Statement im if-Block ausgeführt und der Interpreter überspringt den else-Block.

If, Elif, Else

Du kannst die Bedingungen besser nutzen, indem du mehrere bedingte Ausdrücke in einem einzigen Programmblock verwendest.

Programmcode:

```
sample = 45
if sample % 3 == 0:
print("Diese Zahl ist durch 3 teilbar")
elif sample % 4 == 0:
print( "Diese Zahl ist durch 4 teilbar")
else:
print("Diese Zahl ist nicht durch 3 und 4 teilbar")
```

Ausgabe:

Diese Zahl ist durch 3 teilbar

Im obigen Beispiel hat der Python-Interpreter drei Bedingungen zu prüfen. Wenn er festgestellt hat, dass die erste Bedingung wahr ist, gibt er sie aus und überspringt die anderen beiden Bedingungen.

Wenn zwei Aussagen wahr sind, werden beide Aussagen als Ausgabe bereitgestellt.

For-Schleifen

Genau wie Bedingungen sind auch Schleifen-Strukturen Bausteine für Python-Software. Anstatt eine Bedingung ständig zu überprüfen, kannst du sie mithilfe einer for-Schleife oder while-Schleife durchlaufen.

Eine for-Schleife kann bei allen Arten von Datenstrukturen wie Listen, Tupel und Dictionaries angewendet werden.

Syntax:

```
for val in list:
    { Gib hier den Inhalt einer Schleife ein }
```

Die for-Schleife kann alle Elemente durchlaufen, wenn eine Bedingung gegeben ist.

Beispiel:

```
x = [32,12,11]
sample = 0
for val in x:
sample = sample + val
print ("Die Summe der Zahlen ist", sample)
```

Ausgabe:

Die Summe der Zahlen ist 55

Anstatt arithmetische Operationen auf jedes Element in der Liste anzuwenden, haben wir im obigen Beispiel einfach eine for-Schleife verwendet, um diesen Vorgang zu automatisieren.

While-Schleifen

Die for-Schleife ist zwar hervorragend geeignet, um Dinge zu automatisieren, aber es ist ziemlich schwierig, damit einen logischen Code zu erstellen, weil es keine Möglichkeit gibt, eine Bedingung für die Schleife anzuwenden. An dieser Stelle kommt die while-Schleife ins Spiel.

Vor der Schleife wird einer while-Schleife eine Bedingung gegeben, die jedes Mal überprüft wird, wenn die Schleife ausgeführt wird.

Syntax:

```
while condition
{ Gib hier die Anweisung für eine while-Schleife ein }
```

Beispiel:

```
y = 0
z = 1
x = int(input( "Gib eine Zahl ein: "))
while z <= x:
y = y + z
z = z + 1
print ("Die Summe der Zahlen von 1 bis", x, "ist", y)
```

Ausgabe:

```
Gib eine Zahl ein: 6
Die Summe der Zahlen von 1 bis 6 ist 21
```

Um komplexe Programme zu erstellen, kannst du Bedingungen und Schleifen in einer verschachtelten Form miteinander verknüpfen.

Anweisungen zum Unterbrechen und Fortsetzen

Schleifen können eine Menge komplexer Programmierlogik in kürzester Zeit ausführen. Sie sind zwar in vielen Situationen praktisch, verbrauchen aber manchmal sehr viel Laufzeitspeicher, was dazu führt, dass Programme abrupt abstürzen.

Python bietet zwei Programmierkomponenten, die als break (unterbrechen) und continue (fortsetzen) bekannt sind, um dieses Problem zu lösen.

Was ist eine Python Break-Anweisung?

Wenn der Python-Interpreter in einem Programm auf einen Break stößt, beendet er die Schleife sofort und fährt mit der nächsten Zeile nach der Schleife fort. Wenn er innerhalb einer Schleife auf einen Break stößt, wird die innerste Schleife beendet und andere Anweisungen werden ausgeführt.

Syntax:

```
break
```

Beispielprogramm:
```
N = 6
i = 1
while i <= N:
if i %2 == 0:
print (i, "ist durch 2 teilbar")
if i % 3 == 0:
print (i, " ist durch 3 teilbar")
break
i = i + 1
```

Ausgabe:
```
2 ist durch 2 teilbar
3 ist durch 3 teilbar
```

Im obigen Beispiel schließt der Interpreter das Programm, sobald er die Break-Anweisung liest. Was wäre die Ausgabe ohne ein Break gewesen?

Was ist eine Python Continue-Anweisung?

Wann immer der Python-Interpreter in einem Programm auf continue stößt, beendet er die Schleife sofort und fährt mit der nächsten Iteration nach der Schleife fort. Bedenke, dass diese Anweisung die Schleife nicht vollständig beendet. Sie spart nur Zeit und Verarbeitungsenergie, indem sie mit der nächsten logischen Anweisung in einer Schleife fortfährt.

Beispielprogramm:
```
for var in 'computer':
if var == 'r':
continue
print('Schreibe jetzt:', var)
```

Output:
```
Schreibe jetzt: c
Schreibe jetzt: o
Schreibe jetzt: m
Schreibe jetzt: p
Schreibe jetzt: u
Schreibe jetzt: t
Schreibe jetzt: e
```

Übungen

Schreibe ein Python-Programm, das Zahlen bis 2.000 auflistet, die durch 12 und Vielfache von 5 teilbar sind. Verwende beim Auflisten der Elemente Trennzeichen.

📖 Schreibe ein Python-Programm, das Pfund in Kilogramm umrechnen kann, indem du eine for- und eine while-Schleife verwendest.

📖 Erstelle mit Python einen Zufallszahlengenerator für den Zahlenbereich 1.000 bis 10.000.

📖 Verwende Schleifen, um mindestens fünf Rangoli-Muster mit Alphabeten auszugeben.

📖 Erstelle mit der continue-Anweisung ein Python-Programm, das die Fibonacci-Folge vervollständigen kann.

📖 Schreibe ein Python-Programm mit Schleifen, das USD in EUR und GBP umrechnen kann.

📖 Schreibe ein Python-Programm, mit dem du die Authentizität deines Passworts überprüfen kannst. Achte darauf, dass du die Standards für Passwörter einhältst, um sie zu überprüfen.

Kapitel 8: Funktionen und Module

Die Python-Programmierung unterstützt verschiedene Programmierparadigmen. Funktionale Paradigmen sind die beliebtesten unter den verschiedenen Programmierparadigmen, um einen Code zu schreiben. Die funktionale Programmierung ist vielseitig und lässt sich leicht für einfache Projekte implementieren, die weniger Entwickler/innen für die Fertigstellung des Codes benötigen. Das funktionale Paradigma gilt auch deshalb als vielseitig, weil es verschiedene Programmierkomponenten schneller implementiert.

Programme mithilfe von Funktionen zu erstellen, ist knifflig, da du die Funktion immer innerhalb des Programms aufrufen musst. Das Erlernen der funktionalen Programmierung mithilfe einiger Beispiele hilft dir dabei, komplexe Programme mit weniger Code zu erstellen.

Ein Beispiel für Funktionen in der echten Welt:

Funktionen wurden zuerst in der Mathematik verwendet, um komplexe Probleme in der angewandten Mathematik einfach zu lösen. Später begannen Programmierer, dieses Konzept zu nutzen, um bereits geschriebenen Code wiederzuverwenden, ohne ihn neu schreiben zu müssen.

Anhand einer einfachen mobilen Anwendung wirst du sehen, wie Funktionen in der realen Welt funktionieren.

Picsart ist eine beliebte mobile Anwendung zur Fotobearbeitung, die verschiedene Filter und Werkzeuge zur Verfügung stellt. Damit können die Nutzer/innen ihre Bilder bearbeiten. Mit dem Zuschneidewerkzeug kannst du zum Beispiel ganz einfach deine Bilder zurechtschneiden.

Wenn die Entwickler/innen von Picsart einen Code erstellen, verwenden sie normalerweise verschiedene Bibliotheken, Frameworks und eine Menge Funktionen. Das Zuschneiden braucht zum Beispiel eine eigene Funktion, da es eine Menge komplexer Aufgaben erfordert, um die Pixel aufzuteilen und die Ausgabe bereitzustellen.

Nehmen wir nun an, die Entwickler/innen wollten die Anwendung mit der Unterstützung zum Zuschneiden von Videos aktualisieren. Derzeit gibt es zwei Möglichkeiten für die Programmierung:

1. Es kann eine Zuschneidefunktion von Grund auf neu erstellen werden.

2. Es kann die erstellte Zuschneidefunktion für Fotos verwendet und mit zusätzlichen Funktionen versehen werden.

Viele bevorzugen die zweite Option, weil sie einfach ist und viel Zeit spart. Das Erstellen von Funktionen ist nicht so einfach, denn dazu ist eine Menge komplexer Logik nötig, die die Funktionen mit dem Kern-Anwendungsframework und anderen Bibliotheken von Drittanbietern verbindet, die verwendet werden.

Funktionstypen

Funktionen werden in der Regel in zwei Arten unterteilt: Systemfunktionen und benutzerdefinierte Funktionen.

Systemfunktionen werden von der Python-Kernbibliothek bereitgestellt und von Entwicklern häufig verwendet, um allgemeine Funktionen auszuführen. Print ist zum Beispiel eine Systemfunktion, die verwendet wird, um ein String-Literal auf dem Bildschirm anzuzeigen.

Benutzerdefinierte Funktionen hingegen werden von Entwicklern speziell für ihre Software erstellt. Außerdem werden benutzerdefinierte Funktionen aus Bibliotheken von Drittanbietern importiert, um sie in den eigenen Code zu integrieren.

Unabhängig davon, welche Art von Code du verwendest, denke daran, dass dein Hauptziel bei der Verwendung von Funktionen beim Programmieren darin besteht, Lösungen für die Probleme in weniger wiederverwendbaren Codes zu finden.

So funktionieren Funktionen

Die Philosophie hinter Funktionen in der Programmierung ist vergleichbar mit mathematischen Funktionen. Zunächst definierst du eine Funktion mit komplexer Codelogik und gibst ihr einen Namen, der in jedem Teil des Programms mithilfe von eindeutigen Programmierkomponenten, den Parametern, aufgerufen werden kann. Du legst explizit fest, welche Art von Parametern vom Nutzer angegeben werden können, damit es weniger Abstürze gibt.

Wenn die Funktion nicht aufgerufen wird, gibt es für die Nutzer keine Möglichkeit, die Logik des Codes zu nutzen, den du geschrieben hast. Funktionsaufrufe werden oft im Frontend mithilfe von Schaltflächen, Registerkarten und anderen grafischen Benutzeroberflächen angezeigt. Für Endbenutzer mag es nur ein Tippen sein, aber im Sinne des Programms muss eine Funktion aufgerufen werden, damit eine Softwarekomponente so funktioniert, wie sie soll.

So definierst du deine eigenen Funktionen?

Bei den Standard-Systemfunktionen ist es nicht nötig, dass du sie bei der Erstellung definierst. Du kannst sie einfach nur aufrufen. Auch wenn es möglich ist, Änderungen an den Systemfunktionen vorzunehmen, ist dies nicht empfehlenswert, da sie in der Regel sehr komplex sind und ein Fehler deinen Code beschädigen kann.

Python-Entwickler/innen, die sich für die Entwicklung innovativer Software begeistern, können dagegen mithilfe des Schlüsselworts def eigene Funktionen erstellen.

Im Folgenden findest du ein einfaches Beispiel, um die Funktionsdeklaration in Python schnell zu verstehen.

Programmcode:

```
# Diese Funktion gibt eine Willkommensnachricht aus
```

```
def sample():
print ("Hallo! Ich hoffe, es geht dir gut. Guten Morgen!")
sample()
```

Ausgabe:

Hallo! Ich hoffe, es geht dir gut. Guten Morgen!

Erklärung:

● Obwohl es sich um ein sehr einfaches Programm handelt, ist der Programmablauf auch bei komplexen Programmen ähnlich. Nur die Anzahl der Schritte erhöht sich, wenn du reale Projekte erstellst.

● In Zeile 1 wurde zunächst das Schlüsselwort def verwendet, um eine Funktion in das Programm einzufügen. Wenn das Schlüsselwort def nicht verwendet wird, funktioniert die Funktion nicht, da der Interpreter nicht erkennen kann, dass es sich um eine Funktion handelt.

● Zusammen mit def wird der Name der Funktion definiert. Hier ist sample der Name der Funktion. Für die Benennung von Funktionen gelten die gleichen Regeln wie für Variablen.

● Alles, was nach dem Kommentar folgt, wird als Körper (body) der Funktion bezeichnet. Ein Funktionskörper kann aus Variablen, Funktionen und Konstanten bestehen. Meistens wird die Hauptlogik der Funktion in diesem Körper definiert.

● Der Funktionskörper beginnt normalerweise mit einem Kommentar oder einem Docstring. In diesem Beispiel haben wir einen Kommentar verwendet. Wenn du zwei einfache Anführungszeichen verwendest, um Informationen über eine Funktion zu geben, nennt man das einen Docstring.

Wenn du mehrere Zeilen verwendest, um Informationen bereitzustellen, kannst du drei einfache Anführungszeichen verwenden.

Zum Beispiel:

```
# Dies ist eine Beispielfunktion, die für Anfänger erklärt wird
def sample():
'''
Author: Sam
Function: Sample
Was macht sie?: Sie gibt aus.
'''
print ("Hallo! Ich hoffe, es geht dir gut. Guten Morgen!")
```

Die dritte Zeile des Programms definiert eine Print-Anweisung, um den Inhalt auf dem Bildschirm anzuzeigen. An dieser Stelle kannst du so viele eingebaute Funktionen verwenden, wie du möchtest, damit sich dein Programm erst einmal natürlich anfühlt. Auch wenn die eingegebenen Informationen statisch sind, helfen sie dir zu verstehen, wie Legacy-Anwendungen funktionieren.

Die letzte Zeile zeigt, wie eine Funktion aufgerufen wird. Hier ist sample() ein Funktionsaufruf. Da es sich um ein einfaches Programm handelt, gibt es keine Parameter zwischen den Klammern. Für komplexe Programme können mehrere Parameter verwendet werden. Sobald der Interpreter einen Funktionsaufruf findet, sucht er sofort nach der Funktion und führt aus, was die Funktion von ihm fordert.

Parameter in den Funktionen verwenden

Die vorherige Beispielfunktion hat keine Parameter verwendet. In realen Anwendungen ist das nicht der Fall, denn Programme sind oft komplex und kompliziert. Um die Vorteile von Funktionen tatsächlich zu nutzen, musst du Funktionen erstellen, die Parameter verwenden und Aufgaben erfüllen.

In Anlehnung an das vorherige Beispiel nehmen wir an, dass es in unserer Anwendung zwei Benutzer gibt und wir sie mit ihren Namen begrüßen müssen.

Programmcode:

```
def sample():
# Diese Funktion gibt eine Willkommensnachricht aus
print("Hallo! Ich hoffe, es geht dir gut, Sam. Guten Morgen!")
print("Hallo! Ich hoffe, es geht dir gut, Tom. Guten Morgen!")

sample()
```

Ausgabe:
Hallo! Ich hoffe, es geht dir gut, Sam. Guten Morgen!
Hallo! Ich hoffe, es geht dir gut, Tom. Guten Morgen!

Zunächst sollst du zwei Print-Anweisungen erstellen und beide Eingaben/Bedingungen verwenden, um den Benutzer zu überprüfen und die richtige Ausgabe anzuzeigen. Allerdings ist das ziemlich kompliziert und unnötig, denn mithilfe von Parametern kannst du dynamische Willkommensgrüße erstellen. Und zwar nicht nur für zwei, sondern für tausende Nutzer/innen, mit nur einer kleinen Änderung bei der Erstellung einer Funktion. In dieser Beispielfunktion kannst du schon mit einem einzigen Parameter eine dynamische Nachricht erstellen.

Programmcode:

```
# Dies ist eine Beispielfunktion mit einem einzigen Parameter
def sample(name):
print ( "Hallo " + name + ". " + "Schön, dass du wieder hier bist. Guten Morgen!")

sample('Sam')
sample('Tom')
sample('Rick')
sample('Damon')
```

Ausgabe:
Hallo Sam. Schön, dass du wieder hier bist. Guten Morgen!
Hallo Tom. Schön, dass du wieder hier bist. Guten Morgen!
Hallo Rick. Schön, dass du wieder hier bist. Guten Morgen!
Hallo Damon. Schön, dass du wieder hier bist. Guten Morgen!

Erklärung:

● Wir haben eine Funktion mit dem Namen sample erstellt und zwischen den Klammern den Parameter name definiert. Der Datentyp für diesen Parameter muss nicht angegeben werden, da der Python-Interpreter intelligent genug ist, um jeden Datenwert zu parsen, den die Nutzer/innen angeben.

● In der verwendeten Print-Funktion haben wir den Parameter aufgerufen und den String mit dem arithmetischen Operator geteilt. Wenn der Benutzer also eine Eingabe macht, wird sie zwischen den Standardstrings eingefügt.

● In den nächsten Zeilen haben wir die Funktion mit der Parametereingabe aufgerufen. Bei komplexen Anwendungen kann der Parameter nicht vorgegeben werden, sondern hängt von den Nutzereingaben ab. In diesem Beispiel haben wir die Standardparameter verwendet. Sam, Tom, Rick und Damon sind die Parameter, die wir angegeben haben.

Wenn du fortgeschrittenere Funktionen erstellen möchtest, kannst du die Funktionalität der Argumente nutzen, die Python bietet.

Argumente übergeben

Alle modernen Anwendungen verwenden Parameter für die Funktionen, um ihre vollen Möglichkeiten auszuschöpfen. In dem vorherigen Beispielprogramm haben wir Standardargumente für die Funktionsparameter angegeben. Es ist beim Programmieren mit Python jedoch nicht ideal, die Parameter immer standardmäßig anzugeben. Alle Parameter haben Argumente, die von Nutzer/innen an die Funktion übergeben werden können. Es gibt zwar verschiedene Möglichkeiten, Argumente an die Funktionsparameter zu übergeben, aber Positions- und Schlüsselwortargumente sind die populärsten.

Positionsbezogene Argumente

Bei Positionsargumenten werden die Werte für die Funktionsparameter normalerweise direkt angegeben. Das mag verwirrend erscheinen, wird aber von vielen Programmierer/innen häufig so gehandhabt, weil es einfacher zu implementieren ist. Bei Positionsargumenten solltest du dir die Reihenfolge merken, in der du sie übergibst.

Programmcode:

```
def fussball(land,anzahl):
    '''
    Dies beschreibt, wie oft ein Land eine FIFA-Weltmeisterschaft gewonnen hat
    '''
    print (land, "gewann", anzahl, "Mal die FIFA")

fussball('Argentinien', 4)
fussball ('England', 2)
```

Ausgabe:

```
Argentinien gewann 4 Mal die FIFA
England gewann 2 Mal die FIFA
```

Im obigen Beispiel sind die Argumente für das erste Beispiel Argentinien und 4. Da keine Datentypen angegeben sind, bestimmt der Python-Interpreter automatisch den Wertetyp und übergibt ihn an die Funktion.

Da es keine eindeutige Möglichkeit gibt, den zu verwendenden Datentyp zu verstehen, spielen Parameternamen eine wichtige Rolle. Mit einem Blick kannst du verstehen, dass das Land einen literalen String verwendet, während die Anzahl einen Integer-Datentyp verwendet. Normalerweise werden alle Argumente durch ein Komma voneinander getrennt. Wie unten zu sehen ist, kann man bei der Verwendung von Positionsargumenten leicht Fehler machen.

Programmcode:

```
def fussball(land,anzahl):
    print (land, "gewann", anzahl, "Mal die FIFA")

fussball(4, 'Argentinien')
fussball (2, 'England')
```

Ausgabe:

4 gewann Argentinien Mal die FIFA
2 gewann England Mal die FIFA

Die Funktion liefert zwar eine Ausgabe, aber die obige Ausgabe ergibt keinen Sinn, weil die Argumente für entgegengesetzte Parameter angegeben wurden.
Um diese kleinen Probleme mit Positionsargumenten zu lösen, können Entwickler Schlüsselwortargumente verwenden, um Funktionsparameter zu definieren.

Schlüsselwortargumente

Mit Schlüsselwortargumenten kannst du Argumente direkt an den Funktionsparameter übergeben. Schlüsselwortargumente verwenden das Format Parameter = Wert, um Argumente an jede Funktion zu übergeben.
Schlüsselwort-Argumente sorgen für weniger Verwirrung, sind aber zeitaufwändiger zu implementieren und werden deshalb von Entwickler/innen, die an komplexen Projekten mit vielen Codes arbeiten, nicht oft verwendet.

Programmcode:
```
def fussball(land,anzahl):
 print (land, "gewann", anzahl, "Mal die FIFA")

fussball(land = 'Argentinien' , anzahl = 4)
fussball (Anzahl = 2, land = 'England')
```

Ausgabe:
Argentinien gewann 4 Mal die FIFA
England gewann 2 Mal die FIFA

Hier ist Parameter = Argument das Format, mit dem die Schlüsselwortargumente definiert wurden. Beispiel: Land = 'Argentinien', Land ist ein Parameter, während 'Argentinien' das Argument ist, das angegeben wird.

Standardwerte in Python

Wenn du ein Programm mit Python oder einer anderen Programmiersprache schreibst, müssen nicht alle Werte dynamisch sein. Manchmal werden bei der Programmentwicklung Standardwerte verwendet, wenn Argumente an Funktionsparameter übergeben werden. Sie werden auch als Konstanten bezeichnet und ihre Verwendung ist optional.

Python-Programmierer/innen sind jedoch daran interessiert, Standardwerte zu definieren, da dies den Boilerplate-Code reduziert und bei komplizierten Projekten eine bessere Datenverwaltung ermöglicht. Ein Boilerplate-Code ist ein Code, der unnötig ist, aber von den Entwicklern geschrieben werden sollte, damit der Interpreter ohne Probleme funktioniert. Obwohl Python im Vergleich zu anderen höheren Computersprachen sehr übersichtlich ist, sollten einige Änderungen am Code vorgenommen werden, z. B. durch die Definition von Standardwerten, um die Lesbarkeit des Codes zu erhöhen.

Programmcode:

```
def fussball(land,anzahl = 4):
 print (land, "gewann", anzahl, "Mal die FIFA")


fussball ('Argentinien')
fussball ('Brasilien')
```

Ausgabe:

```
Argentinien gewann 4 Mal die FIFA
Brasilien gewann 4 Mal die FIFA
```

Im obigen Beispiel haben wir bereits einen Parameterwert definiert, sodass der Funktionsaufruf weniger komplex ist und weniger Zeit benötigt.

Hinweis:

Dabei ist zu beachten, dass der Python-Interpreter das Argument ersetzt, wenn es erneut definiert wird, auch wenn du den Standardwert angegeben hast.

Programmcode:
```
def fussball(land,anzahl = 4)
 print (land, "gewann", anzahl, "Mal die FIFA")

fussball ('Argentinien')
fussball ('Brasilien', 5)
```

Ausgabe:
```
Argentinien gewann 4 Mal die FIFA
Brasilien gewann 5 Mal die FIFA
```

Im obigen Beispiel ist der Standardwert zwar 4, aber wenn das Argument für Brasilien mit 5 angegeben wird, ersetzt der Python-Interpreter den Standardwert durch den neuen Argumentwert.

Scope in Python verstehen

Scope ist unerlässlich, um die verschiedenen Arten von Funktionen zu verstehen und um Wege zu finden, sie ohne Probleme zu nutzen. Wie bereits erläutert, gibt es für Funktionen einen lokalen und einen globalen Geltungsbereich, genau wie für Variablen.
Alle Variablen, die innerhalb einer Funktion erstellt werden und nur innerhalb dieser verwendet werden können, werden als Variablen mit lokalem Scope bezeichnet. Im Gegensatz dazu werden alle Variablen, die überall verwendet werden können, als Variablen mit globalem Scope bezeichnet.
Bedenke, dass eine Funktion keine Variablen haben kann, von denen einige lokal und einige global sind. Alle Variablen, die in der Funktion verwendet werden, sollten entweder lokal oder global sein.

Warum ist Scope unerlässlich?

Hauptsächlich entscheiden sich Entwickler/innen für die Scope-Funktionalität, weil sie ihnen helfen kann, den Garbage-Mechanismus effektiver zu verwalten. Alle Variablen, die ersetzt oder lange Zeit nicht benutzt werden, werden normalerweise beseitigt, um die Geschwindigkeit des Programms zu erhöhen. Sie können zwar wieder erstellt werden, wenn die Funktion aufgerufen wird, aber das verbraucht trotzdem Laufzeit.
Wenn Programmierer/innen stattdessen Variablen mit globalem Geltungsbereich erstellen, ist es wahrscheinlicher, dass die Variable öfter aufgerufen wird. Deshalb kann ein globaler Geltungsbereich dazu beitragen, dass Variablen nicht wieder neu initialisiert werden müssen. Unabhängig von der Software, die du entwickelst, kann die Verwendung von Scope, wann immer nötig, deine Produktivität bei der Arbeit an komplexen Programmierprojekten steigern.

Local Scope und Global Scope verstehen

Regel 1: Du kannst keine lokalen Scope-Variablen in einem globalen Scope verwenden.

Programmcode:
```
def sample():
example = 24

sample()
print(example)
```

Ausgabe:
```
NameError: name 'example' is not defined
```

Im obigen Beispiel wird eine Variable mit Local Scope mit einem Wert von 24 erstellt. Wenn wir die Funktion aufrufen und versuchen, den Variablenwert aus dem globalen Bereich auszugeben, gibt es einen Traceback-Fehler, weil wir nur lokale Variablen innerhalb einer Funktion aufrufen dürfen, jedoch nicht im Global Scope.

Programmcode:
```
def sample():
example = 24
print(example)

sample()
```

Ausgabe:
```
24
```

Das gleiche Programm funktioniert nun, da die Funktion aus dem lokalen Bereich (Local Scope) aufgerufen wird. Daher läuft das Programm problemlos und gibt die lokale Variable mit der Print-Anweisung auf dem Computerbildschirm aus.

Regel 2: Alle lokalen Funktionen können alle Variablen verwenden, unabhängig davon, welchen Anwendungsbereich sie haben.

Programmcode:
```
trail = 62
def sample():
example = 24
print(trail)
```

```
sample()
print(trail)
# der Befehl print(example) würde einen Fehler erzeugen
```

Ausgabe:
```
62
62
```

Im obigen Beispiel wird der Wert der Trail-Variable beide Male ausgegeben, wenn die Variable aus dem Local Scope und dem Global Scope aufgerufen wird.

Regel 3: Lokale Variablen, die von einer Funktion verwendet werden, dürfen nicht von einer anderen Funktion verwendet werden.

Programmcode:
```
def sample():
example = 24
print(example)
sample()
def sample2():
print(example)
sample2()
```

Ausgabe:
```
24
NameError: name 'example' is not defined
```

Die Print-Funktion funktioniert beim ersten Mal, weil es sich um eine Variable aus der lokalen Funktion handelt. Allerdings gibt der Variablenwert beim zweiten Mal einen Traceback-Fehler aus, weil die Funktion nicht auf die lokale Variable einer anderen Funktion zugreifen kann.

Hinweis:
Sowohl lokale als auch globale Variablen können dieselben Variablennamen haben, ohne dass es zu Konflikten kommt. Für eine bessere Programmierpraxis und um Verwirrung zu vermeiden, wird jedoch empfohlen, unterschiedliche Namen für lokale und globale Variablen zu verwenden.

Module verstehen

Eine Gruppe von sinnvollen Funktionen bilden in einer Programmiersprache normalerweise Module. Wann immer du diese Funktionsgruppen in einer Softwarekomponente verwenden möchtest, kannst du das Modul einfach importieren und die Funktion mit deinen eigenen Argumenten für die Parameter aufrufen.

Das Importieren von Modulen in Python ist viel besser als in traditionellen Sprachen wie C und C+. Viele Programmierer/innen importieren Module, um die Methoden der Module zu nutzen und zusätzliche Funktionen hinzuzufügen.

Syntax:
```
import { Name des Moduls }
```

Beispiel:
```
import clock
```

Mit der obigen Syntax werden alle eingebauten Funktionen des Uhrenmoduls in dein Programm importiert. Nun kannst du deine eigenen Argumente für diese Methoden angeben.

Was macht der Import?

Import ist eine eingebaute Python-Bibliotheksfunktion, die alle Funktionen aus einer bestimmten Datei kopiert und mit deiner aktuellen Datei verknüpft. Sie gibt dir im Grunde die Erlaubnis, Methoden zu verwenden, die nicht in der aktuellen Datei enthalten sind. Das Erstellen von Modulen hilft dir dabei, nicht immer wieder den gleichen Code schreiben zu müssen.

So kannst du Module erstellen

Der Import von Modulen aus Bibliotheken und Frameworks von Drittanbietern spart dir zwar Zeit, aber als Entwickler musst du auch wissen, wie du Module selbst erstellen kannst. Nehmen wir an, du entwickelst eine Webanwendung für einen Torrent-Dienst. Damit die Anwendung funktioniert, musst du nun eine Menge Funktionen schreiben. Zur besseren Organisation kannst du ein Netzwerkmodul erstellen und alle Funktionen, die mit dem Netzwerk zu tun haben, in dieses Modul aufnehmen. Als Nächstes kannst du ein Modul erstellen, das mit der Benutzeroberfläche zusammenhängt, und mehrere Funktionen erstellen, die dir helfen, eine gut aussehende Anwendung zu schreiben.

Um ein Python-Modul zu erstellen, musst du zunächst eine Textdatei mit der Erweiterung .py erstellen.

Sobald die .py-Datei erstellt ist, kannst du alle Funktionen in diese Datei eintragen.

Du kannst zum Beispiel die folgende Funktion, mit der zwei Zahlen multipliziert werden, in das soeben erstellte .py-Modul einfügen.

Datei – samplemodule.py
```
def product(x,y):
# Damit kannst du ein Produkt zweier Zahlen bilden
z = x * y
return z
# Das Produkt wird berechnet und ausgegeben
```

Nachdem das Modul erstellt wurde, siehst du im Folgenden ein Beispielprogramm, das die obige Funktion importiert.

Programmcode:
```
import samplemodule
```

Klicke auf die Eingabetaste, und schon sind alle Funktionen dieses Moduls zum Programmieren in Python für andere Projekte verfügbar.

Programmcode:

```
samplemodule.product(3,6)
```

Ausgabe:

```
18
```

Das Programm erkennt automatisch die Produkt-Funktion, und je nach den angegebenen Argumenten wird das Produkt auf dem Computerbildschirm angezeigt.

Eingebaute Funktionen und Module

Bei der Erstellung komplexer und komplizierter Softwareanwendungen kannst du auf verschiedene integrierte Funktionen und Module zurückgreifen. Obwohl benutzerdefinierte Funktionen fantastisch sind und dir die Freiheit geben, komplexe Probleme zu lösen, sind sie dennoch nicht einfach zu implementieren und manchmal unnötig, weil integrierte Funktionen die Arbeit für dich erledigen können.

1. print()

Das ist vermutlich die beliebteste integrierte Funktion in der Python-Bibliothek. Vom Anfänger bis zum Profi verwenden alle die Anweisung print(), um Ausgaben auf den Bildschirm zu übertragen. Normalerweise wird der Inhalt, den du auf dem Bildschirm anzeigen möchtest, zwischen die Anführungszeichen gesetzt.

Programcode:

```
print ( "Das ist ein Beispiel " )
```

Ausgabe:

```
Das ist ein Beispiel
```

2. abs()

Dies ist eine integrierte Funktion, die den absoluten Wert für jeden Integer-Datentyp liefert. Werden negative ganze Zahlen angegeben, macht diese Funktion sie in den meisten Fällen positiv.

Programmcode:
```
x = -24
print(abs(x))
```

Ausgabe:
```
24
```

3. round()

round() ist eine eingebaute mathematische Funktion, die für jede angegebene Gleitkommazahl die nächstliegende ganze Zahl liefert.

Programmcode:
```
x = 2.46
y = 3.12
print(round(x))
print(round(y))
```

Ausgabe:
```
2
3
```

4. max()

max() ist eine integrierte Python-Funktion, die du verwenden kannst, um die größte Zahl innerhalb einer Gruppe von Zahlen auszugeben. Du kannst diese Funktion für jeden Datentyp verwenden, z. B. für Listen oder Variablen.

Programmcode:
```
A= 45
B = 43
C = 23
Lösung = max(A,B,C)
print(Lösung)
```

Ausgabe:
```
45
```

5. min()

min() ist eine in Python eingebaute Funktion, die du verwenden kannst, um die kleinste Zahl innerhalb einer Gruppe von Zahlen auszugeben.

Programmcode:
```
A= 45
B = 43
C = 23
Lösung = min(A,B,C)
print(Lösung)
```

Ausgabe:
```
23
```

6. sorted()
sorted() ist eine eingebaute Python-Funktion, mit der du alle Elemente einer Liste in aufsteigender oder absteigender Reihenfolge sortieren kannst, je nachdem, was du möchtest.

Programmcode:
```
x = (2,323,21,5,242,11)
y = sorted(x)
print(y)
```

Ausgabe:
```
[2, 5, 11, 21, 242, 323]
```

7. sum()
sum() ist eine spezielle eingebaute Funktion, die alle Elemente in einem Tupel addiert. Vergewissere dich vor der Verwendung dieser eingebauten Funktion, dass alle Elemente im Tupel vom gleichen Datentyp sind. Andernfalls endet das Programm mit einem TypeError, da es nicht möglich ist, Werte zu addieren, die verschiedenen Datentypen angehören.

Programmcode:
```
x = (32,43,11,12,19)
y = sum(x)
print(y)
```

Ausgabe:
```
117
```

8. len()
len() ist eine eingebaute Funktion, die Informationen über die Anzahl der Elemente in einer Liste oder einem Tupel liefert.

Programmcode:
```
x= ( 1,23,32,11,12)
y = len(x)
print(y)
```

Ausgabe:
```
5
```

9. type()

type() gibt Auskunft darüber, welcher Datentyp in der Variablenliste verwendet wird. Wenn es sich um eine Funktion handelt, werden auch die Details zu Parametern und Argumenten angezeigt.

Programmcode:
```
x = 23.2121
print(type(x))
```

Ausgabe:
```
<class 'float'>
```

String-Methoden

Strings sind gängige Datentypen und benötigen deshalb mehr Aufmerksamkeit als andere Datentypen, wenn es um das Programmieren geht. Die Python-Kernbibliothek bietet Dutzende verschiedener eingebauter Funktionen, die dem Programmierer helfen, das Beste aus den Daten zu machen, die in String-Datentypen gespeichert sind.

1. strip()

strip() ist eine integrierte String-Funktion, die die Argumente löscht, die der Funktion als Parameter übergeben wurden. Alle Instanzen, in denen die Argumente vorhanden sind, werden gestrippt.

Programmcode:
```
x = "Willkommen"
print( x.strip('en'))
```

Ausgabe:
```
Willkomm
```

2. replace()

replace() ist eine integrierte Python-Funktion, mit der ein Teil der Zeichenkette durch einen anderen ersetzt wird. Wenn es viele Wörter im gleichen String-Datentyp gibt, kannst du als Parameter angeben, wie viele Wörter du ersetzen möchtest.

Programmcode:
```
example = "Das ist kein gutes Zeichen"
print(example.replace('gutes' , 'schlechtes'))
```

Ausgabe:
```
Das ist kein schlechtes Zeichen
```

3. split()

split() ist ebenfalls eine Python-Funktion, Sie teilt einen String automatisch auf, wenn die von dir angegebenen Argumente zum ersten Mal im Text vorkommen.

Programmcode:
```
example = "Die neuere Idee ist besser"
```

```
print(example.split(' '))
```

Output:
['Die', 'neuere', 'Idee', 'ist', 'besser']

Da das Argument, das wir angegeben haben, zweimal wiederholt wird, wird die Zeichenkette in drei Teile aufgeteilt.

        4. join()

join() ist eine spezielle Python-Funktion, mit der du ein Trennzeichen zwischen den Elementen einer Liste einfügen kannst.

Programmcode:
```
x = ['New York','Las Vegas','Denver']
sample = " ~ "
sample = sample.join(x)
print(sample)
```

Ausgabe:
New York ~ Las Vegas ~ Denver

Übungen

 Erstelle ein Python-Programm, das nach dem Zufallsprinzip zehn Zahlen generiert und automatisch den maximalen Wert dieser zehn Zahlen findet. Verwende die max()-Methode, um dieses Problem zu lösen.

 Erstelle eine Liste, kehre alle Elemente darin um und addiere sie anschließend.

 Schreibe ein Python-Programm, das zehn Strings enthält und jeden dieser Strings umkehrt.

 Schreibe eine rekursive Funktion, um die Fakultät von 100 zu finden.

 Erstelle ein 3-seitiges Essay mit Techniken zur String-Manipulation. Stelle sie alle so dar, wie du sie auf Papier darstellen würdest. Verwende so viele Methoden wie möglich.

 Schreibe ein Python-Programm, das Reihen mit Bezug auf das Pascalsche Dreieck liefert.

 Erstelle ein Python-Programm, das automatisch einen Artikel aus Wikipedia entsprechend der Eingabe extrahiert.

 Erstelle ein Python-Programm, das ein Farbschema für alle RGB-Farben erstellen kann.

Kapitel 9: Objektorientiertes Programmieren (OOP)

Im vorangegangenen Kapitel haben wir die funktional orientierte Programmierung anhand mehrerer Beispiele mit Programmcode erläutert. Obwohl das funktionale Programmierparadigma bei unabhängigen Entwickler/innen sehr beliebt ist, ist es immer noch ziemlich schwer umzusetzen, wenn du in einem Team arbeitest, in dem viele Mitglieder mit ihrem Programmcode effektiv miteinander kommunizieren müssen.

Bei der funktional orientierten Programmierung nimmt zwar viel Code-Wirrwarr ab, aber es ist immer noch schwierig, jedes Mal Module zu importieren, wenn du eine neue Datei erstellst. Der Import von mehr Modulen erhöht außerdem die Laufzeit des Programms exponentiell.

Aufgrund dieser Probleme zogen es viele Programmierer/innen bei der ersten Veröffentlichung von Python vor, objektorientierte Programmiersprachen wie Java zu verwenden. Als Python 2 veröffentlicht wurde, war jedoch jeder erfreut zu hören, dass Python nun objektorientierte Programmierung unterstützt und zu einer Multi-Paradigmen-Sprache geworden ist.

Dieses Kapitel befasst sich ausführlich mit verschiedenen objektorientierten Prinzipien und zeigt einige Beispiele.

Was ist objektorientiertes Programmieren?

Objektorientierte Programmierung ist ein beliebtes Programmierparadigma, bei dem Klassen und Objekte verwendet werden, um die in einem Programm definierten Funktionen in logischen Vorlagen zu gruppieren.

Eine Klasse besteht aus einer Gruppe von Datenmitgliedern oder Methoden, auf die mit Hilfe einer Punktnotation leicht zugegriffen werden kann. Aufgrund des Objektverhaltens sind die Klassen für Variablen und Methoden außerhalb der Klasse zugänglich.

Beispiel aus der realen Welt:

Nehmen wir an, du erstellst eine Anwendung, die Details über verschiedene Fahrzeuge und verschiedene Modelle dieser Fahrzeuge erklärt.

Bei der objektorientierten Programmierung erstellst du normalerweise eine Funktion für jedes Fahrzeug und dann noch einmal für jedes Fahrzeugmodell. Wenn es nur wenige Fahrzeugmodelle gibt, mag das einfach erscheinen, aber die Wiederverwendung von Code wird mit steigender Anzahl von Fahrzeugmodellen herausfordernder.

Bei der objektorientierten Programmierung hingegen erstellst du zunächst eine Klasse "Fahrzeug" und definierst verschiedene Eigenschaften und Werte, die verwendet werden. Als Nächstes nimmst du für jeden Fahrzeugtyp eine eigene Klasse. Anstatt für jede Eigenschaft erneut Funktionen zu erstellen, kannst du dank des objektorientierten Programmierparadigmas mit einer einfachen Punktschreibweise auf all diese Eigenschaften zugreifen und sie aufrufen.

Objektorientierte Programmierung spart eine Menge Zeit und macht es Python-Entwicklern leicht, ihren Code mit Hilfe von Funktionen wie Polymorphismus und Vererbung wiederzuverwenden..

So erstellst du Klassen in Python

Klassen sind im Grunde eine Sammlung von Objekten, und sie erstellen Blaupausen, aus denen normalerweise Objekte erstellt werden. Zudem enthalten Klassen verschiedene logische Einheiten wie Attribute und Methoden.

Um Klassen zu erstellen, solltest du die folgenden Regeln beachten:

- Alle Klassen, die erstellt werden, müssen mit dem Schlüsselwort 'class' versehen werden.

- Variablen, die innerhalb einer Klasse erstellt werden, sind nichts anderes als Attribute einer Klasse.

- Alle Attribute in einer Klasse sind öffentlich und können immer mit Hilfe des Operators . (dot) verwendet werden.

Syntax für die Erstellung von Klassen:

```
class ClassName:
 # Gib deine Anweisungen hier ein
Program Code:
# Dieses Programm demonstriert die Erstellung einer Klasse
class country:
# Gib die Anweisungen von hier aus ein
```

Hinweis:
In Python kannst du keine reservierten Schlüsselwörter für die Namen von Klassen verwenden. Wenn du sie verwendest, tritt ein Traceback-Fehler auf, der zum Absturz der Anwendung führt.

So erstellst du Objekte

Ein Objekt in der Python-Programmierung ist eine Entität, die einen Zustand und ein Verhalten aufweist, das mit ihr verbunden ist. Alles, was sich innerhalb einer Klasse befindet, kann als Objekt behandelt werden. Zum Beispiel kann eine Variable, die innerhalb einer Klasse erstellt wurde, als Objekt verwendet werden. Programmierer/innen verwenden oft Objekte, ohne sich dessen bewusst zu sein.

Woraus besteht ein Objekt?

- Alle Objekte haben einen Zustand. Ein Zustand spiegelt die Eigenschaften wider, die mit einem Objekt verbunden sind.

- Alle Objekte haben ein Verhalten. Das Verhalten eines Objekts ändert sich je nach der Methode, in der es verwendet wird.

- Alle Objekte haben eine Identität. Die Identität hilft Objekten, mit anderen Objekten zu interagieren.

Nehmen wir zum Beispiel an, dass es eine Hundeklasse gibt, die verschiedene Hunderassen und ihr Verhalten beschreibt. In dieser Klasse kann es verschiedene Arten von Objekten geben.

- Der Name des Hundes ist normalerweise die Identität des Objekts.

- Attribute wie Hunderasse, Alter und Farbe können als Zustand eines Objekts beschrieben werden.

- Verhaltensweisen wie bellen, schlafen oder laufen, die mit einem Hund in Verbindung stehen, können als Verhalten eines Objekts bezeichnet werden.

So erstellst du ein Objekt?

Um ein Objekt zu erstellen, musst du es nur mit einem Namen einleiten. Wenn zum Beispiel die Klasse Hund definiert wurde, können wir schreiben:

Program Code:

```
obj = Hund()
```

Dadurch wird ein Objekt namens obj erstellt, das zur Klasse Hund gehört.

Die Self-Methode verstehen

Wenn du mit Python programmierst, solltest du die Self-Methode kennen. Sie wird automatisch erstellt, wenn eine Klasse angelegt wird.
Die Self-Methode ähnelt dem Konzept von Zeigern, die in anderen höheren Programmiersprachen wie C und C++ verwendet werden.
Worauf solltest du achten?

Achte darauf, dass du mindestens ein Argument mit der Self-Methode angibst, wenn du die Methoden aufrufen willst.

Jede Methode, die von einem Objekt aufgerufen wird, wird automatisch in ein Self-Objekt umgewandelt.

Die _init_-Methode verstehen

Die _init_-Methode ähnelt den Konstruktoren in C++ und Java. Immer wenn eine Klasse gestartet wird, wird sie als Standardmethode ausgeführt. Wenn du also ein Objekt mit einem Anfangswert erstellen willst, musst du diese Werte in die _init_-Methode eingeben. Wir werden jetzt ein Python-Programm mit der Self-Methode und der __init_-Methode erstellen.

Programmcode:

```
class Geography:
 # Erstelle jetzt ein Klassenattribut
 attr1 = "Land"
 # Erstelle ein Instanz-Attribut
 def _init_(self,name):
 self.name = name
# Erstelle nun ein Objekt mit Attributen
USA = Geography("USA")
UK= Geography("UK")
# Zugriff auf Klassenattribute
print ( "USA is a {} " .format(USA.attr1))
print( "UK is a {} " .format(UK.attr1))
# Zugriff auf Instanzattribute
print( "Der Ländername ist {}" .format(USA.name))
print( "Der Ländername ist {}" .format(UK.name))
```

Ausgabe:

```
USA ist ein Land
UK ist ein Land
Der Ländername ist USA
Der Ländername ist UK
```

Im obigen Beispiel haben wir eine Klasse erstellt sowie Klassen- und Instanz-Attribute angelegt. Das musst du nicht jedes Mal machen, wenn du eine Klasse erstellst. Wir haben hier nur ein Programm zur Verfügung gestellt, damit du verstehst, wie Klassen und Objekte funktionieren, sobald sie angelegt werden.

● Du solltest einen Klassennamen angeben.

● Mindestens ein Attribut sollte erstellt werden.

● Ein Self-Argument sollte zusammen mit einer _init_-Methode bereitgestellt werden.

● Starte die Objektinstanziierung.

● Nach der Objektinstanziierung kannst du Klassen- und Instanz-Attribute erstellen, die das erstellte Objekt nutzen können.

So kannst du Klassen und Objekte mit Methoden erstellen

Wir werden nun einen gängigen Programmcode erstellen, um Methoden zu entwickeln und sie über Objekte aufzurufen.

Programmcode:

```
class Geography:
 # Erstelle ein Klassenattribut
 attr1 = "Land"
 # Erstelle ein Instanz-Attribut
 def _init_(self,Ländername):
 self.Ländername = Ländername
 def governance(self):
 print("Dieses Land heißt {}" .format(self.Ländername))
 # Objektinstanziierung
USA = Geography( "USA")
UK = Geography("UK")
USA.governance()
UK.governance()
```

Output:

Dieses Land heißt USA
Dieses Land heißt UK

Erklärung:

Im obigen Beispiel wird zuerst ein Klassenattribut und dann eine Methode zusammen mit der _init_-Funktion erstellt. Am Ende wird das Objekt instanziiert, und der Zugriff auf das Objekt erfolgt mit der Punktnotation.

Vererbung

Die Vererbung (Inheritance) ist eines der wichtigsten Merkmale der objektorientierten Programmierung. Vererbung bedeutet, dass eine neue Klasse definiert wird, ohne dass neue Methoden oder Argumente hinzugefügt werden, sondern indem sie von einer anderen Klasse abgeleitet werden. Die neu erstellte Klasse wird in der Regel als Kindklasse bezeichnet, während die Klasse, von der alle Methoden geerbt werden, Elternklasse genannt wird.

Beispiel aus der realen Welt:

Vererbung ist in vielen Situationen bei der Erstellung von realen Anwendungen nützlich. Nehmen wir zum Beispiel an, du entwickelst eine mobile Kameraanwendung für die iOS-Plattform.

Während der Entwicklung der Anwendung musst du möglicherweise mehrere Module für verschiedene Funktionen erstellen, die die Anwendung bietet. Nach einigen Monaten der Entwicklung hast du festgestellt, dass du den Code für die GUI-Schnittstellen wiederverwendest, da dein Team immer noch funktionsorientiert programmiert.

Um Zeit und Geld zu sparen, hast du dich entschieden, ein objektorientiertes Paradigma für dein Projekt einzuführen. Da du jetzt das OOP-Paradigma verwendest, kannst du den bereits geschriebenen Code für GUI-Schnittstellen ableiten und mit den neuen Klassen, die du schreibst, verknüpfen. Das spart Zeit und Energie und ermöglicht es den Programmierern, neue Funktionen hinzuzufügen, ohne die alten, bereits vorhandenen Funktionen neu zu schreiben.

Syntax für die Python-Vererbung:

```
class BaseClass:
 { Körper der Basisklasse }
class DerivedClass(Baseclass):
 { Körper der abgeleiteten Klasse }
```

Hinweis:
Sowohl die Basisklasse als auch die abgeleitete Klasse sollten weiterhin alle zuvor beschriebenen Klassenregeln befolgen.

Programmcode:

```
# Definieren der Klasse 'polygon'
class polygon:
 def _init_(self,sides):
 self.sides = sides
 def dispsides(self):
 for i in range(self.sides):
 print("Seite", i+1 )

# Definieren der Klasse 'square' ausgehend von der vorherigen Klasse
class square(polygon):
 def _init_(self):
 self.sides = int(input( "Seitenlänge des Feldes: "))
 def findArea(self):
 a = self.sides
 # Berechnung der Fläche
 s = a*a
 print ( "Die Fläche des Feldes beträgt", s)

# Definieren eines Polygons mit 5 Seiten
x = polygon(5)
```

```
x.dispsides()

# Ein Quadrat definieren, den Benutzer nach der Seitenlänge fragen und die Fläche berechnen
x2 = square()
x2.findArea()
```

Erklärung:

Im obigen Programm haben wir zunächst die Klasse polygon definiert und dann ein Objekt (polygon) mit 5 Seiten erstellt. Dank dispsides ist es möglich, die Seiten anzuzeigen.
Dann wird die Klasse square abgeleitet. In diesem Fall muss der Benutzer, sobald ein Objekt dieser Klasse erstellt wird, die Seitenlänge des Quadrats angeben.
Wenn das Objekt die Methode findArea aufruft, verwendet es die Eingabe des Benutzers und gibt die Fläche des Quadrats für den Benutzer aus. In Zukunft kannst du weitere Polygonklassen erstellen, indem du einfach eine Methode zur Berechnung der Fläche erstellst.

Ausgabe:

Seite 1
Seite 2
Seite 3
Seite 4
Seite 5
Seitenlänge des Feldes: 15
Die Fläche des Feldes beträgt 225

Mit ausreichend Informationen über die objektorientierte Programmierung kannst du nun Klassen und Objekte erstellen, die miteinander interagieren können, um Software zu entwickeln, die viele Komponenten verwendet und verschiedene Aufgaben erfüllt. Um mehr über objektorientierte Programmierung zu erfahren, schau dir den Open-Source-Code auf GitHub an.

Kapitel 10: Dateien in Python

Python verwendet Variablen, um Daten sowohl für statische als auch für dynamische Daten zu speichern. Variablen eignen sich zwar hervorragend für die Speicherung von Daten während der Programmausführung, doch wenn es sich um sensible Daten handelt, die immer wieder verwendet werden müssen, kann dies zu einer Herausforderung werden. Variablen können sich selbst zerstören, um den Speicher zu leeren, was keine gute Idee für Benutzer wäre, die ihre Daten für verschiedene Zwecke speichern oder wiederverwenden wollen. Python stellt Dateien zur Verfügung, um Programmierer/innen bei der Interaktion mit Daten zu unterstützen, unabhängig von deren Größe und Format. Wenn du mit Python programmierst, ist das Verständnis von Dateioperationen und ihre Anwendung in deinen Programmen ein absolutes Muss, um bessere Software entwickeln zu können.

Dateien und Dateipfade

Beim Programmieren mit Python werden normalerweise zwei Parameter für die Arbeit mit Dateien verwendet. Der erste ist der Dateiname, der das Auffinden der Datei erleichtert, während der Dateipfad beschreibt, wo die Datei zu finden ist.
Wenn zum Beispiel example.pdf der Name einer Datei ist, dann ist C:/users/downloads/example.pdf das Pfadformat einer Datei. In dem Dateinamen example.pdf wird pdf als Dateierweiterung bezeichnet. Um Dateien zu verwalten, benutzen Betriebssysteme normalerweise ein effektives System zur Dateiverwaltung.

Hinweis:

Um die verschiedenen Dateiverwaltungstechniken zu kennen, ist es wichtig, die Grundlagen der Dateimanager zu kennen, die in verschiedenen Betriebssystemen verwendet werden. Das Windows-Betriebssystem verwendet zum Beispiel den Datei-Explorer, während Mac-Systeme den Finder zur Dateiverwaltung einsetzen. Unabhängig vom Betriebssystem und dem Dateimanager, den du verwendest, werden Dateien in der Regel in einer logischen Hierarchie mithilfe von Stammverzeichnis, Ordnern und Unterverzeichnissen abgelegt.

Hierarchische Anordnung von Dateien verstehen

Alle Python-Programmierer/innen müssen den gesamten Pfad des Dateispeicherorts eingeben, damit das Programm den Speicherort der Datei erkennen kann. Der gesamte Dateipfad wird normalerweise hierarchisch geschrieben, damit das Verzeichnis, die Unterverzeichnisse und die Ordner aus dem Pfad ermittelt werden können.

In C://benutzer/beispiel/beispiel.pdf ist C das Stammverzeichnis des Systems, und sowohl Beispiel als auch Benutzer können als Unterverzeichnisse in diesem Stammverzeichnis bezeichnet werden. Da es in verschiedenen Verzeichnissen verschiedene Dateien mit demselben Namen geben kann, ist es wichtig, den gesamten Pfad zu verwenden, um den Speicherort der Datei zu erkennen.

Hinweis:

Als Python-Programmierer musst du wissen, dass Windows-Dateisysteme Backslashes verwenden, um zwischen Stammverzeichnis und Unterverzeichnissen zu unterscheiden. Im Gegensatz dazu verwenden andere Betriebssysteme wie Mac und Linux Schrägstriche, um zwischen Stammverzeichnis und Unterverzeichnissen zu unterscheiden.

Wenn du bei der Eingabe im Terminal, aus welchen Gründen auch immer, keine Backslashes oder Forward Slashes verwenden möchtest, kannst du eine bestimmte Funktion verwenden, die als os.path.join bekannt ist.

Programmcode:

```
os.path.join( 'D', 'erste', 'zweite')
```

Ausgabe:

```
'D\erste\zweite
```

Kenne das aktuelle Arbeitsverzeichnis

Wenn du mit Python programmierst, solltest du bei der Ausführung von komplexen Codes oft mit verschiedenen Dateien interagieren, die sich im selben Verzeichnis befinden. Um Programmierern die Interaktion mit anderen Dateien im selben Verzeichnis zu erleichtern, kann die Funktion os.getcwd() verwendet werden. Sobald dein absoluter Pfad erkannt ist, werden alle Dateien, die sich in dem Verzeichnis oder Unterverzeichnis befinden, als Ausgabe angezeigt.

Beispiel:

```
os.getcwd()
' D: \ linux \ samplefiles \ python '
```

Der absolute Pfad deines aktuellen Verzeichnisses wird in der Ausgabe angezeigt. Du kannst nun die Betriebssystembefehle wie cd verwenden, um die Dateien in dem Verzeichnis aufzulisten.

Neue Ordner erstellen

Verschiedene Python-Software erfordert oft, dass der Benutzer Dateien erstellt oder dass die Anwendung selbstständig Dateien in verschiedenen Verzeichnissen erstellt. Zum Beispiel wird eine Speicherdatei für ein Spiel automatisch von der Software erstellt, ohne dass Benutzer daran beteiligt sind.

Bei verschiedenen Python-Programmen müssen Dateien erstellt werden oder die Anwendung muss selbst Dateien in verschiedenen Verzeichnissen erstellen. Eine Speicherdatei für ein Spiel wird zum Beispiel automatisch von der Software erstellt, ohne dass Nutzer selbst eingreifen müssen. Wenn du Python programmierst, solltest du darauf achten, dass du neue Ordner für deine Anwendungen erstellst.

Python bietet eine Funktion namens os.makedirs(), um ein neues Verzeichnis zu erstellen.

Programmcode:

```
import os
os.makedirs( ' D: /user1/ python/sample')
```

Im obigen Beispiel haben wir zunächst das Modul importiert, in dem der oben beschriebene Entwurf der Systemfunktion enthalten ist. Im nächsten Schritt haben wir die Funktion makedirs() mit einem Pfad als Funktionsparameter aufgerufen. sample ist der neue Ordner, den wir mit der obigen Funktion im Python-Verzeichnis erstellt haben. Du kannst das überprüfen, indem du deinen Dateimanager öffnest oder die Schaltfläche cd in der Eingabeaufforderung verwendest.

Hinweis:

Achte darauf, dass du einen absoluten Pfad für das Verzeichnis angibst, in dem du einen neuen Ordner erstellen willst.

Funktionen der Dateiverwaltung

Dateien sind komplex und brauchen eine Menge eingebauter Funktionen, damit sie besser funktionieren. Als Python-Programmierer kannst du Dateien direkt von deiner IDE oder deinem Terminal aus bearbeiten, öffnen oder schließen. Der Python-Interpreter kann standardmäßig sowohl Dateien mit der Erweiterung .txt als auch .py ausführen.

Wenn du Dateitypen wie pdf und jpg öffnen oder manipulieren willst, musst du Bibliotheken von Drittanbietern installieren, die dazu in der Lage sind. Diese Dateitypen werden auch als binäre Dateitypen bezeichnet.

Damit du die Konzepte von Dateien schnell verstehst, erstellen wir zunächst eine Datei namens example.txt unter dem Pfad D:/users/python/example.txt. Du kannst auch deinen eigenen Pfad für die Erstellung einer Datei verwenden.

Wir werden diese Datei example.txt verwenden, um Dateifunktionen wie open(), close(), Write() und read() zu beschreiben.

Gehen wir davon aus, dass die Datei example.txt folgenden Inhalt hat.

Inhalt:
Dies ist ein Python Sample Sheet zur Dateimanipulation.

So öffnest du Dateien mit der Funktion open()

Das Öffnen von Dateien mit einem Python-Befehl ist ziemlich einfach. Alles, was du wissen musst, ist der absolute Pfad der Datei und die Verwendung der open()-Funktion.

Programcode:
```
filemanagement = open ( ' D: /users / python / example.txt ')
# Mit dieser Funktion wird die Datei auf deinem Terminal oder deiner IDE geöffnet
```

Im obigen Beispiel wird die Funktion open() zusammen mit dem Parameter verwendet. In diesem Beispiel ist der Parameter der Pfad, der zum Öffnen einer Datei angegeben wird. Wenn eine Datei geöffnet wird, kann der Python-Interpreter die Datei nicht lesen oder schreiben, aber der Benutzer kann die Datei mit dem Standard-Viewer lesen, in dem die Datei geöffnet wurde.

Vergewissere dich, dass du Software zum Öffnen der Dateien installiert hast, bevor du diese Anweisung ausführst. Wenn du versuchst, eine Videodatei mit dem Format .mp4 zu öffnen, es aber keine native Software gibt, die diese Datei öffnen kann, ist das keine praktikable Lösung.

Was passiert?

Wenn der Interpreter die Funktion open() findet, erstellt er ein neues Datei-Objekt. Alle in dieser Phase vorgenommenen Änderungen sollten gespeichert werden, um die ursprüngliche Datei zu berücksichtigen. Wenn die Datei nicht gespeichert wird, ignoriert der Python-Interpreter alle vorgenommenen Änderungen.

So liest du Dateien mit der Funktion read()

Sobald Python eine Datei mit der Funktion open() öffnet, wird ein neues Objekt erstellt. Somit ist es für den Python-Interpreter einfach, die Funktion read() zu verwenden, um den gesamten Inhalt der Datei zu lesen.

Programmcode:
```
reading = filemanagement.read()
# Diese read()-Funktion scannt den gesamten Inhalt der Datei reading
```

Ausgabe:
Dies ist ein Python Sample Sheet zur Dateimanipulation.

Im obigen Beispiel haben wir die Funktion read() verwendet und alle gescannten Daten aus der Datei an eine neue Variable mit dem Namen reading. gesendet. Du kannst die Informationen auch in Listen, Tupeln oder Wörterbüchern speichern, je nachdem, wie komplex die Datei ist, mit der du arbeitest.

Während die obige read()-Funktion nur den Inhalt der Datei ausgegeben hat, kannst du die Funktion readlines() verwenden, um den Inhalt einer Datei in neue Zeilen zu organisieren. Damit du diese besondere Funktion von Python verstehst, findest du im Folgenden ein einfaches Beispiel:

Erstelle zunächst eine neue Datei mit dem Namen newfile.txt in deinem Arbeitsverzeichnis. Sobald die Datei geöffnet ist, gibst du ein paar Zeilen mit beliebigen Informationen ein, wie im Folgenden gezeigt.

newfile.txt:

    Dies ist ein Sample.
    Wir erstellen nur Zeilen.
    Wir werden diese Daten verwenden, um Text zu manipulieren.
    Der Python-Interpreter ist effizient
    genug, um dies zu ermöglichen

Rufe nun die readlines()-Funktionen auf dem Terminal auf.

Programmcode:

```
adv = open(readlines.txt)
# Diese Variablen helfen uns, eine neue Datei mit dem angegebenen Namen zu öffnen
adv.readlines()
```

Ausgabe:

[' Dies ist ein Sample. \n, ' Wir erstellen nur Zeilen. \n, ' Wir werden diese Daten verwenden, um Text zu manipulieren. ' Der Python-Interpreter ist effizient ' ' genug, um dies zu ermöglichen.']

Die Ausgabe hat alle Zeilen in der Datei mit einem Zeilenumbruchzeichen \n dargestellt. Es gibt eine Menge fortgeschrittener Dateifunktionen wie diese, die du bei der Erstellung von Anwendungen in der Praxis verwenden kannst.

So schreibst du Inhalte in Dateien mit der Funktion write()

Als Python-Programmierer kannst du mit der Funktion write() auch neue Daten in eine beliebige Datei eingeben. Die write()-Funktion ist der print()-Funktion sehr ähnlich, die verwendet wird, um Inhalte auf dem Bildschirm darzustellen. Die write()-Funktion zeigt den Inhalt der von dir gewünschten Datei an.

Du kannst die Datei im Schreibmodus mit Hilfe der Funktion open() öffnen. Du musst nur ein Argument anhängen, damit der Interpreter versteht, dass du deine Datei öffnen willst, um ihr deinen eigenen Inhalt hinzuzufügen.

Sobald du den Inhalt in die Datei geschrieben hast, kannst du die close()-Methode verwenden, um die Datei zu schließen und sie automatisch an ihrem Standardspeicherort zu speichern.

Programmcode:

```
example = open('filemanagement.txt', 'w')
# Dadurch wird die Datei im Schreibmodus geöffnet
example.write (' So musst du den Schreibmodus öffnen \n ' )
```

Die Ausgabe zeigt den Inhalt auf dem Bildschirm an und gibt die Anzahl der Zeichen auf dem Bildschirm an.
Du kannst auch 'a' verwenden, um Text als Argument anzuhängen.

Zum Beispiel:

```
example = open ( 'filemanagement.txt', 'a')
# Die Datei wird zunächst im Schreibmodus geöffnet
example.write( 'Das ist die neue Version')
# Die obige Anweisung wird in die bereitgestellte Datei eingefügt
example.close()
```

Um zu überprüfen, ob der Text angehängt wurde, kannst du die Lesefunktion verwenden, wie im Folgenden gezeigt.

```
example = open(example.txt)
sample = read(example.txt)
print(sample)
```

Ausgabe:

```
Das ist die neue Version
Copying files and folders
```

Normalerweise kannst du Dateien und Ordner mit den Standard-Dateimanager-Funktionen wie dem Windows Explorer oder dem Mac Finder einfach kopieren, einfügen oder ausschneiden. Beim Programmieren von Python-Software solltest du jedoch eine integrierte Bibliothek namens shutil verwenden, um Programmierkomponenten zu erstellen, mit denen du Dateien schnell kopieren, verschieben oder löschen kannst.
Um die Standardfunktionen der shutil-Bibliothek zu nutzen, musst du sie zunächst importieren.

Syntax:

```
import shutil
```

Dateien und Ordner kopieren

Um Dateien oder Ordner von einem Ort zu einem anderen zu kopieren, kannst du einfach die Funktion shutil.copy() verwenden. Diese Funktion hat normalerweise zwei Parameter: die Quelle der Datei und das Ziel der Datei.

Beispiel:

```
shutil.copy ( ' C: \ user1 \ python \ sample.txt' , C: \ user2\ python')
```

Im obigen Beispiel wird eine Datei namens sample.txt, die sich im Python-Ordner des Verzeichnisses user1 befindet, in den Python-Ordner im Verzeichnis user2 kopiert. Wenn du die Datei in eine andere Datei deiner Wahl kopieren möchtest, musst du den Dateinamen im zweiten Parameter angeben, wie unten gezeigt.

Beispiel:

```
shutil.copy ( ' C: \ user1 \ python \ sample.txt' , C: \ user2\ python\ sample1.txt')
```

Der gesamte Inhalt der Datei sample.txt wird kopiert und der Datei sample1.txt hinzugefügt.

Dateien und Verzeichnisse verschieben und umbenennen

Das Verschieben einer Datei oder eines Ordners nimmt weniger Zeit in Anspruch, gilt aber im Vergleich zum Kopieren von Dateien als etwas riskant, da du keine Sicherungskopie hast. Wenn du deine Dateien verschiebst, werden sie vollständig aus dem aktuellen Verzeichnis gelöscht und in das neue Verzeichnis übertragen, das du angegeben hast.
Du kannst die Funktion shutil.move() verwenden, um Dateien schnell von einem Ort zu einem anderen zu verschieben.

Programmcode:

```
shutil.move ( ' C: \ user1 \ python \ sample.txt' , C: \ user2\ python')
```

Im obigen Beispiel wird die Datei sample1.text in ein anderes Verzeichnis verschoben. Falls du dir Sorgen machst, dass eine Datei mit demselben Namen in dem Verzeichnis liegt, das du zu speichern versuchst, kannst du die folgende Syntax verwenden.

Programmcode:

```
shutil.move ( ' C: \ user1 \ python \ sample.txt' , C: \ user2\ python.txt')
```

Das obige Beispiel kann auch als eine einfache Umbenennung der verschobenen Datei bezeichnet werden.

Dateien und Ordner löschen

Python bietet außerdem drei verschiedene Funktionen, mit denen Entwickler Dateien nach Belieben löschen können.
os.unlink(path) – diese Funktion löscht nur die Datei, die im Pfad angegeben wurde.

Beispiel:

```
os.unlink(' C "\ user1\ python1\ arithmetic.text')
```

Die Datei mit dem Namen arithmetic.txt wird endgültig gelöscht.
os.rmdir(path)

Mit dieser Funktion wird ein ganzer Ordner gelöscht, der als Parameter angegeben wird.

Beispiel:

```
os.rmdir(' C "\ user1\ python')
```

Der Ordner mit dem Namen python wird dauerhaft gelöscht.

```
shutil.rmtree (path)
```

Diese Funktion erkennt zunächst den Baumpfad und löscht alle Ordner und Dateien, die in diesem Baumpfad vorhanden sind.

Beispiel:

```
shutil.rmtree( ' C: \ user1 ')
```

Alle Dateien und Ordner, die sich im Verzeichnis user1 befinden, werden gelöscht.

Kapitel 11: Ausnahmen handhaben

Alle Anwendungen stürzen manchmal wegen falscher Benutzereingaben oder wegen eines Fehlers ab, der während der Benutzung der Anwendung auftritt. Als Python-Entwickler/in ist es deine Aufgabe, Nutzer darauf aufmerksam zu machen, warum die Anwendung abgestürzt ist. Wenn du ihnen nicht helfen kannst, sollte deine Anwendung zumindest erkennen, dass die Anwendung abgestürzt ist und die Protokolle an deinen Server senden, um Lösungen für diese Probleme zu finden. Eine Vorwarnung bei Fehlern ist das Mindeste, was moderne Anwendungsentwickler/innen bieten können, um das Nutzererlebnis zu verbessern.

Die Behandlung von Ausnahmen (exceptions) ist ein Mechanismus in der Computerprogrammierung, bei dem du Möglichkeiten für den Absturz einer Anwendung schreibst und die Nutzer explizit darauf hinweist, wenn die Anwendung abstürzt.

Kennst du zum Beispiel die berühmte Meldung „Diese Anwendung reagiert nicht mehr" mit einem roten x auf Windows-Systemen? Das ist eine der bekanntesten Schnittstellen für die Behandlung von Ausnahmen, die es je in einem System gab. Auch wenn deine Ausnahmen keinen hohen Standard haben müssen, sollten sie zumindest anständig sein, um den Endbenutzern ein besseres Erlebnis zu bieten.

Das Schreiben gültiger Ausnahmen gilt als fortgeschrittene Fähigkeit in der Python-Entwicklung. Die Behandlung von Ausnahmen hilft dir auch dabei, Fehler und logische Mängel in einem Programm schon in den ersten Phasen des Workflows zu erkennen. Ausnahmen sparen außerdem eine Menge Zeit beim Testen und bei der Wartung.

Beispiel für die Handhabung von Ausnahmen:

- Besuche dein Profil und versuche, mit einem Bild zu tweeten, das größer als 24 MB ist. Nach einiger Zeit zeigt dir die Twitter Web- oder App-Oberfläche ein Popup an, das besagt, dass dein Bild aufgrund der hohen Bildgröße nicht hochgeladen werden kann.

- Für diesen Fall haben die Twitter-Entwickler eine Schnittstelle für die Behandlung von Ausnahmen geschaffen, damit du verstehen kannst, warum deine Bilder nicht hochgeladen werden. Die Ausnahmebehandlung ist ein großartiges Werkzeug, um die Benutzerfreundlichkeit zu verbessern.

- Alle bekannten Bibliotheken von Drittanbietern sind mit einer Reihe von Methoden zur Ausnahmebehandlung vorinstalliert, die du importieren und in deinen Anwendungen verwenden kannst

Du wirst lernen, mit Ausnahmen umzugehen, indem du den Divide-by-Zero-Fehler verwendest. Wenn du eine Zahl durch Null teilst, kann der Wert normalerweise nicht definiert werden, da er im Allgemeinen als unendlich bezeichnet wird. Wenn du deine Anwendung benutzt, um eine Zahl durch Null zu dividieren, musst du einen ZeroDivisionerror anzeigen. Wir können Try- und Except-Anweisungen verwenden, um diesen Fehler anzuzeigen.

Was sind Try- und Except-Anweisungen?

Try und Except sind die wichtigsten Programmierkomponenten bei der Erstellung von Aufgaben zur Ausnahmebehandlung. Im Try-Block musst du dem Python-Interpreter mitteilen, wie wahrscheinlich es ist, dass der Fehler gefunden wird. Der Except-Block hingegen benötigt Informationen darüber, was zu tun ist, wenn ein bestimmter Fehler, den wir definiert haben, während der Programmausführung auftritt.

Programmcode:

```
# Schreiben wir einen Try- und Except-Block in eine Funktion
def divide64(number):
try:
x = 64/number
print(x)
except ZeroDivisionError:
print ( "Kann nicht durch 0 geteilt werden")

divide64(2)
divide64(0)
divide64(64)
```

Ausgabe:

```
32.0
Kann nicht durch 0 geteilt werden
1.0
```

Was passiert?

Zunächst haben wir einen Try- und Except-Block definiert, der dem Interpreter erklärt, wo wir ein Fehler-Popup erwarten können und welche Informationen im Falle eines Fehlers angezeigt werden sollen.

Verschiedene Error-Typen

Python listet in der Python-Dokumentation eine Menge Systemfehler auf. Im vorigen Beispiel, als wir den Fehler bei der Division durch Null besprochen haben, hast du vielleicht einen einfachen Ansatz gesehen. Bei anderen Fehlern gibt es verschiedene Möglichkeiten, sie zu vermeiden oder Anwendungen trotz ihrer Anwesenheit auszuführen.

Wenn du einige Systemfehler kennst und weißt, warum sie auftreten, kannst du die Grundlagen der Fehlersuche in deinen Anwendungen besser verstehen. Value errors

Diese Fehler entstehen, wenn du einer Funktion Argumente gegeben hast, die einen anderen Typ haben, als sie akzeptieren. Ein Wertfehler könnte deine Anwendung abrupt zum Absturz bringen.

Beispiel für Ausnahmeauslöser:
Hochladen einer Dokumentendatei, wenn nur Bilddateien erlaubt sind.

1. Import error

Diese Fehler treten auf, wenn du ein Modul nicht direkt in deinen Programmcode importieren kannst. Diese Importfehler werden hauptsächlich durch einen Fehler in der Netzwerkverbindung oder Probleme mit Online-Paketmanagern verursacht.

Beispiel für Ausnahmeauslöser:
Du kannst deine Daten auf deinen privaten Cloud-Konten aufgrund eines Importfehlers nicht synchronisieren

2. OS error

Manchmal hast du mit Problemen zu kämpfen, weil die Software nicht mit deiner Betriebssystemversion kompatibel ist. Diese Fehler treten oft auf, weil der Kernel des Systems nicht versteht, was die Anwendung sagt. Solche Fehler treten häufig auf, wenn du Linux-Distributionen verwendest.

Beispiel für Ausnahmeauslöser:
Absturz der Anwendung, weil der Host eine nicht unterstützte Version eines Betriebssystems verwendet.

3. Type error

Dieser Fehler wird normalerweise verursacht, wenn der Benutzer oder die Entwickler einen Wert eines Datentyps angeben, den die Anwendung noch nicht unterstützt.

4. Name error

Dieser Fehler tritt auf, wenn eine Variable oder Funktion aufgerufen wird, die im Programm noch nicht definiert ist.

5. Index error

Indexfehler entstehen in der Regel, wenn du einen Index angegeben hast, der höher ist als die Liste, die du erstellt hast.

Kapitel 12: Fortgeschrittene Programmierung

Die Popularität von Python ist sprunghaft angestiegen, weil viele Python-Bibliotheken von Drittanbietern Entwicklern verschiedene Funktionen zur Verfügung stellen, indem sie die Basisbibliotheken einfach in ihren Code importieren. Bibliotheken helfen dir dabei, echte Anwendungen zu erstellen, die von normalen Benutzern genutzt werden können. Wenn du mit Python programmierst, solltest du bestimmte populäre Python-Bibliotheken kennen, die es Entwicklern ermöglichen, einen gültigen, komplexen Code zu erstellen, ohne alles von Grund auf neu zu entwickeln.

Der Quellcode der meisten dieser Bibliotheken steht auf Open-Source-Websites wie GitHub oder Bitbucket zur Verfügung, damit du sie erkunden kannst.

● Requests

Requests ist eine Python-Bibliothek, die es dir leicht macht, HTTP-Anfragen für die von dir erstellten Web- oder Mobilanwendungen zu erstellen. Mit Requests kannst du ganz einfach Anfragen und Antworten für alle Webinhalte verarbeiten, die deine Software nutzt. Normalerweise liegen die Web-Antwortdaten im JSON-Format vor. Das ist für Entwickler/innen schwer zu lesen, aber die Requests-Bibliothek parst die JSON-Daten und zeigt den Inhalt in lesbarer Form an. Scrapper nutzen die Requests-Bibliothek auch, um Automatisierungssoftware für beliebte Websites zu erstellen.

So installierst du Requests

Verwende zur Installation von Python-Software den Standard-Paketmanager pip.

Programmcode:

```
pip install requests
```

● Scrapy

Scrapy ist eine speziell entwickelte Python-Bibliothek für Scraping-Anwendungsfälle. Normalerweise verwenden Suchmaschinen und dynamische Websites Spider, um die Daten zu scrapen. Scrapy hilft dir, fortschrittliche Spider zu erstellen, die intuitiv Daten aus Web- oder Mobilseiten extrahieren können.

Um Scrapy zu installieren, verwende den folgenden Code mit einem beliebigen Paketmanager.

Programmcode:

```
pip install scrapy
```

● Tensor Flow

Tensor Flow ist eine beliebte Bibliothek für maschinelles Lernen, mit der fortschrittliche neuronale Netzwerke erstellt werden können. Viele nutzen Tensor Flow auch in Verbindung mit der Deep-Learning-Technologie, um Softwarekomponenten zu erstellen, die oft in Deep-Learning-Anwendungen wie Gesichtserkennungssoftware integriert werden können. Google entwickelte Tensor Flow, um seine komplexen Machine-Learning-Modelle zu erstellen. Später wurde es jedoch als Open Source veröffentlicht, damit begeisterte Entwickler/innen zu dem Projekt beitragen können.

Installiere Tensor Flow mit einem beliebigen Paketmanager wie pip

Programmcode:

```
pip install tensorflow
```

● Scikit-learn

Scikit-learn ist eine beliebte Alternative zu Tensor Flow, um Modelle für maschinelles Lernen zu erstellen. Viele Entwickler/innen nutzen Scikit-learn auch für die Entwicklung von Datenanalyse- und Data-Analytics-Anwendungen. Scikit-learn macht es dir leichter, fortgeschrittene Machine-Learning-Modelle wie Random Forests, Clustering und K-means-Algorithmen in deinem Code zu implementieren.

Scikit-learn unterstützt auch fortschrittliche neuronale Netzwerkalgorithmen, die in der Wissenschaft eingesetzt werden, z. B. bei der Entwicklung genetischer Algorithmen.

Installiere Scikit-learn mit einem beliebigen Paketmanager wie pip.

Programmcode:

```
pip install scikit-learn
```

● Pandas

Pandas ist eine der beliebtesten Drittanbieter-Bibliotheken für Datenanalysten. Auch wenn R bei Datenanalysten beliebter ist als Python, ist Pandas dennoch eine sehr gute Bibliothek für Entwickler/innen, deren Hauptaugenmerk auf der Erstellung fortgeschrittener Datenanalysemodelle liegt. Pandas macht es einfach, große Datenmengen zu exportieren und zu importieren und dabei verschiedene Eingabeformate wie JSON, SQL und Excel zu verwenden. Pandas ist in der Lage, High-Level-Datenanalysetechniken wie Datenbereinigung und Datenanordnung mit höherer Präzision durchzuführen als andere Bibliotheken, die für Entwickler/innen verfügbar sind.

Um Pandas in deinem lokalen System zu installieren, verwende Paketmanager wie pip.

Programmcode:

```
pip install pandas
```

● Pygame

Python wird auch für die Spieleentwicklung für Handheld-Konsolen und mobile Spiele verwendet. Pygame ist eines der beliebtesten Drittanbieter-Gaming-Frameworks für Indie-Entwickler/innen weltweit. Mit Pygame stehen Entwicklern sowohl Multimedia- als auch Physikbibliotheken zur Verfügung, um 2D- und 3D-Spiele zu entwickeln. Pygame bietet auch verschiedene Komponenten für Sound, Tastatur, Maus und Beschleunigungsmesser, um hochgradige interaktive Spiele zu entwickeln.

Die meisten, die Pygame verwenden, entwickeln Spiele für Android-Smartphones und -Tablets, da sich das in Pygame verwendete SDL-Framework sehr gut an diese Geräte anpassen lässt.

Um Pygame auf deinem lokalen System zu installieren, verwende einen Paketmanager wie pip.

Programmcode:

```
pip install pygame
```

● Beautiful Soup

Beautiful Soup ist eine der beliebtesten Python-Scraping-Bibliotheken, die mit nur einem Klick automatisch HTML- und XML-Daten aus verschiedenen Quellen extrahieren kann. Beautiful Soup kann einen effizienten Parse-Baum mit verschiedenen Verzeichnissen und Unterverzeichnissen auf der Website erstellen, damit Nutzer die gescrapten Informationen leicht organisieren können.

Beautiful Soup kann die neuesten Technologien wie HTML 5-Elemente auf einer Webseite verstehen, bevor es sie ausliest. Verschiedene Drittanbieter-Software wie Ahrefs nutzen Beautiful Soup, um ihre Premium-Keyword-Recherche-Tools zu verwalten, die oft kontinuierlich Daten von Milliarden von Seiten im Internet scrapen müssen.

Um Beautiful Soup auf deinem lokalen System zu installieren, verwende einen Paketmanager wie pip.

Programmcode:

```
pip install beautifulsoup
```

● Pillow

Pillow ist eine der vielen Python-Bibliotheken, die eine einfache Möglichkeit bieten, Bilder zu manipulieren. Pillow macht dies möglich, indem es auf das alte PIL-Projekt zurückgreift, das als bessere Bildbearbeitungsbibliothek in C galt.

Pillow ist eine Abspaltung des PIL-Projekts, da es nicht mehr weiterentwickelt wird. Mit Pillow kannst du verschiedene Bildformate wie jpeg, gif, ttf und png bearbeiten. Mit Hilfe der eingebauten Methoden von Pillow kannst du viele Fotobearbeitungsfunktionen wie zum Beispiel Zuschneiden, Drehen, Größenänderung und Filterwechsel durchführen.

Um die Pillow-Bibliothek auf deinem lokalen System zu installieren, verwende einen Paketmanager wie pip.

Program Code:

```
pip install pillow
```

● Matplotlib

Matplotlib ist eine bekannte Python-Bibliothek, die zusammen mit Scipy verwendet wird, um mathematische Funktionen auf hohem Niveau in deinen Python-Code zu integrieren. Sowohl Scipy als auch Matplotlib können kombiniert werden, um multidimensionale Arrays zu erstellen, mit denen sich ein komplexer Code zur Lösung realer wissenschaftlicher Probleme erstellen lässt. Viele Daten- und Computerwissenschaftler/innen sind auf diese Bibliotheken angewiesen, um ihre Arbeitsabläufe zu pflegen und zu regeln.

Matplotlib zeigt alle erfassten Daten und Ergebnisse in schönen Diagrammen an, um den Datenfluss besser zu verstehen. Außerdem verwendet es Tkinter, um Daten logisch anzuordnen. Während Scipy eher auf technische und wissenschaftliche Berechnungen ausgerichtet ist, konzentriert sich Matplotlib darauf, Daten auf sinnvolle Weise für Enthusiasten und Organisationen zu organisieren.

Um Matplotlib auf deinem lokalen System zu installieren, verwende einen Paketmanager wie pip.

Programmcode:

```
pip install matplotlib
```

Damit einige der erweiterten Funktionen von Matplotlib funktionieren, solltest du darauf achten, dass Scipy mit folgendem Befehl installiert ist.

Programmcode:

```
pip install scipy
```

● Twisted

Um webbezogene Python-Anwendungen zu erstellen, solltest du verschiedene Netzwerkkonzepte kennen. Obwohl die Python-Kernbibliothek über genügend Ressourcen und Methoden verfügt, um einen effizienten Netzwerkcode für deine Anwendung zu schreiben, ist es immer empfehlenswert, Bibliotheken wie Twisted zu verwenden, um komplexen Code mit weniger logischem Code zu erstellen. Twisted unterstützt verschiedene Netzwerkprotokolle wie TCP, UDP und HTTP mit nur einem Klick. Mehrere Websites wie Twitch verwenden Twisted als Standardbibliothek für Netzwerkkomponenten.

Um Twisted zu installieren, verwende einen beliebigen Paketmanager wie pip.

Programmcode:

```
pip install twisted
```

GitHub für Programmierer/innen

GitHub ist für Programmierer/innen wichtig, da es ihnen die Zusammenarbeit mit Teams erleichtert, auch wenn sie sich an einem anderen Ort befinden. GitHub basiert auf einem GIT-Repository, das auf Peer-to-Peer-Basis arbeitet. Daher werden deine Codeänderungen auf den Computern deiner Teamkollegen angezeigt, sobald diese eine Internetverbindung haben.

GitHub bietet zwei Versionen an: die kostenlose und die professionelle Version. Wenn du die kostenlose Version von GitHub nutzt, ist dein gesamter Code für jeden verfügbar, der Zugang zu GitHub hat. Bei der professionellen Version hingegen ist dein Code privat und nur deine Teammitglieder können darauf zugreifen. Alle privaten Repositories verwenden hohe Verschlüsselungsalgorithmen, um deine Daten zu schützen.

Warum ist GitHub unverzichtbar?

Unabhängig von der Computerdomäne, in der du dich befindest, kann es sein, dass du beim Erstellen von Projekten Bibliotheken und Frameworks von Drittanbietern verwenden musst, die in GitHub vorhanden sind. Du kannst entweder GitHub oder verschiedene Clients von Drittanbietern verwenden, die dir helfen, sofort mit den lokalen Repositories zu interagieren. GitHub und alle von Git unterstützten Clients verwenden Abhängigkeiten, um Bibliotheken und Module einfach mit deinem Code zu synchronisieren. Du kannst den Code mit der Commit-Option ändern, die der Git-Server verwendet.

Um ein neues Repository auf deinem GIT-Server zu erstellen, verwende den folgenden Befehl in deiner Python-Shell.

Python Befehl:
```
$ git config —global root "sample project."
```

Sobald du den Git-Code in die Konsole eingegeben hast, wird ein neues Projekt erstellt und du kannst nun Verzeichnisse für dein Projekt anlegen. Verwende den folgenden Befehl, um ein Verzeichnis im Stammverzeichnis deines Projekts zu erstellen.
```
$mkdir. ("Enter the name of the repository")
```

Wenn du die Informationen über den GIT-Server oder das Projekt, mit dem du zu tun hast, nicht kennst, kannst du den folgenden Befehl in deine Konsole eingeben.
```
$ git status
```

Mit diesen Voraussetzungen bist du nun bereit, dein eigenes Open-Source-Projekt zu erstellen, um andere Programmierer/innen in deinem Bereich zu unterstützen.

Pip Package Manager

Alle Betriebssysteme bieten Anwendungen an. Python ist kein Betriebssystem, sondern nur ein Interpreter, der mit Python geschriebene Software ausführen kann. Software, die nicht in Python geschrieben wurde, kann nicht mit einem Python-Interpreter ausgeführt werden, da dieser den Quellcode der anderen Software nicht verstehen kann.

Es gibt mehrere Tausend kostenlose und kostenpflichtige Python-Programme, die du aus verschiedenen Quellen herunterladen kannst. Eine einfache Google-Suche kann dir Tausende von Ergebnissen über Python-Software für deinen Bereich liefern. Du solltest jedoch zumindest einige Kenntnisse über ausführbare Dateien haben, wenn du diese Software selbst installieren willst.

Damit Programmierer/innen ihre benötigte Software leicht finden können, gibt es Python Paketmanager, mit denen du Paketdateien auf dein Betriebssystem herunterladen und sofort ausführen kannst. Es gibt zwar viele Paketmanager von Drittanbietern für Python, aber der Standard-Pip ist der beliebteste, den du unbedingt kennen solltest, wenn du Python programmieren willst.

Was kannst du mit Pip machen?

- Du kannst neue Pakete und Abhängigkeiten installieren.

- Du findest einen Index, der alle Python-Paketquellen auflistet, die auf Pip-Servern verfügbar sind.

- Nutze es, um die Anforderungen zu überprüfen, bevor du die Software installierst.

- Verwende es, um Pakete und Abhängigkeiten zu deinstallieren, die du nicht mehr brauchst.

Überprüfe zunächst, ob pip in deinem System installiert ist oder nicht. Normalerweise ist pip in dem Python-Paket enthalten.

Terminal-Code:
```
$ pip —version
```

Wenn die Pip-Versionsinformationen ausgegeben wird, dann ist der Paketmanager auf deinem System installiert. Falls nicht, musst du ihn eventuell von der offiziellen Website herunterladen und manuell installieren.

So installierst du Pakete

Um Pakete zu installieren, kannst du immer das gleiche folgende Syntaxformat verwenden:
```
$ pip install software name
```
Wenn du zum Beispiel ein Paket namens Tensor Flow auf deinem System installieren möchtest, dann musst du möglicherweise die folgende Syntax verwenden.
```
$ pip install tensorflow
```

Wenn du vor der Installation die Metadaten zum Inhalt überprüfen möchtest, verwende den folgenden Befehl.
```
$ pip show tensorflow
```

Die Ausgabe dieses Terminal-Codes enthält viele Metadaten wie den Autor, den Paketnamen und den Ort des Pakets.

Um Pakete zu deinstallieren, die mit dem Pip-Paketmanager auf deinem System installiert wurden, verwende das folgende Syntaxformat des Codes.

Syntax:

```
$ pip uninstall nameofthepackage
```

Wenn du zum Beispiel das Tensor Flow-Paket deinstallieren willst, das du zuvor installiert hast, benutze den folgenden Befehl.

```
$ pip uninstall tensorflow
```

Mit dem folgenden Code-Format kannst du nach Paketen suchen.

```
$ pip search packagename
```

Dadurch werden alle Pakete aus dem Paketindex angezeigt, die du dann analysieren und auswählen kannst.

Virtuelle Umgebungen

Wenn Programmierer/innen Pakete installieren, installieren sie normalerweise mehrere Abhängigkeiten. Manchmal entsprechen diese Abhängigkeiten jedoch anderer Software, sodass diese Pakete nicht installiert werden können. Um Entwicklern zu helfen, unabhängige Projekte zu erstellen, kann mit dem Paket virtualenv eine isolierte virtuelle Umgebung erstellt werden.

Zuerst solltest du das virtualenv-Paket mit dem Pip-Paketmanager installieren.

Terminal-Befehl:

```
$ pip install virtualenv
```

Sobald das Paket installiert ist, kannst du mit dem folgenden Befehl ein neues Verzeichnis in einer virtuellen Maschine erstellen.

```
$ virtualenv sample
```

Von nun an werden alle Dateien, Software und Pakete, die du mit dem Terminal-Befehl installierst, in diesem neuen Verzeichnis gespeichert, ohne dass sie mit den in deinem System vorhandenen Abhängigkeiten oder Paketen in Konflikt geraten.

Allerdings musst du die virtuelle Maschine zunächst mit folgendem Befehl aktivieren.

Terminal-Befehl:

```
$ source sample/bin/activate
```

Wenn alle Pakete installiert sind, kannst du diese virtuelle Umgebung einfach mit dem folgenden Befehl deaktivieren.

Terminal-Befehl:

```
(sample) $ deactivate
```

Sys-Module verstehen

Als Python-Programmierer/in solltest du genau wissen, wie ein Python-Interpreter funktioniert. Ein Interpreter analysiert normalerweise jede Variable, jedes Literal und jede Methode im Code und führt ein logisch geschriebenes Programm aus, während er auf Syntax-, Typ- und Indexfehler prüft. Als Entwickler/in ist es üblich, dass du prüfst, wie ein Interpreter funktioniert und sensible Informationen speichert, die für die Nutzung bestimmter Software benötigt werden.

Python macht es dir leicht, diese Informationen mit Hilfe des Sys-Moduls zu überprüfen.

```
import sys
```

Mit diesem Befehl kannst du alle Methoden aus der sys-Bibliothek ableiten.

1. path

Dieses Argument aus der sys-Bibliothek hilft dir, den Standardpfad des Python-Interpreters in deinem System zu ermitteln.

```
print(sys.path)
```

2. Argv

Diese Methode listet alle vorhandenen Module auf, die im System vorhanden sind.

```
print(sys.Argv)
```

3. copyright

Diese Methode zeigt die Copyright-Details des Python-Interpreters oder der Software an.

```
print(sys.copyright)
```

4. getrefcount

Mit dieser Methode wird angezeigt, wie oft eine Variable oder ein Objekt in einem Programm verwendet wird.

```
print(sys.getrefcount(variable))
```

Unit-Tests

Als Programmierer/in stellst du vor dem Einsatz von Software sicher, dass das Programm alle Richtlinien von Python erfüllt. Auch wenn die in deinen Programmen verwendete Programmierlogik theoretisch richtig ist, kann sie in der Praxis zu Problemen führen. All diese Engpässe sollten vermieden werden, um den Endbenutzern ein besseres Erlebnis zu bieten.

Python bietet an und ermutigt alle Programmierer/innen, ihren Code mithilfe von Unit-Testing-Frameworks zu testen. Das Framework unittest ist standardmäßig installiert, damit Programmierer die Testbedingungen für ihre Programme von Grund auf neu erstellen können.

Wie finden Unit-Tests statt?

Viele Programmierer/innen sind mit dem Testen ihres Codes überfordert, weil die Python-Dokumentation keine spezifischen Regeln für die Durchführung von Unit-Tests enthält. Erfahrene Programmierer betonen jedoch immer wieder, dass es besser ist, den Code zunächst nur für Methoden zu testen und dann auf andere Komponenten der Programmierung auszuweiten.

- Mit dieser Methodik kannst du jeden Teil der Software testen.

- Du kannst den getesteten Code ganz einfach mit anderen Entwicklern teilen. Alle Build- und Laufzeitfehler, die dabei auftreten, werden ebenfalls mit deinem Team geteilt.

- Du kannst eine Reihe von Tests gruppieren und sie Collections nennen, die du dann manuell organisieren kannst, um diese Tests zu pflegen.

- Um deine Fähigkeiten bei Unit-Tests zu verbessern, kannst du weitere Frameworks von Drittanbietern installieren.

Fazit

Zunächst einmal herzlichen Glückwunsch zum Abschluss dieses umfassenden Leitfadens zu Python. In diesem Buch wurden verschiedene Themen rund um Python vorgestellt. Sie unterstützen dich dabei, einen hochwertigen Code für deine Projekte zu erstellen. Um die Grundlagen, die du in diesem Buch gelernt hast, zu verbessern, ist es wichtig, dass du konsequent übst. Dein Fachwissen kann nur wachsen, wenn du an Projekten arbeitest oder dich in Programmierwettbewerben übst.

Erfahrene Programmierer/innen haben einige Charakterzüge, die ihnen geholfen haben, auf ihrer leidenschaftlichen Reise mit Computern und Technologie erfolgreich zu werden. Es gibt in der Regel mehrere Gewohnheiten, die sie zu besseren Programmierer/innen machen. Wenn du anfängst zu programmieren, ist es wichtig, dass du einige dieser Eigenschaften kennst und sie in deinen Arbeitsablauf einbaust, um die Effizienz in einem oder mehreren Themenbereichen zu verbessern.

Eigenschaften der Programmierung

Die Grundlagen sind das A und O

Du solltest die Grundlagen so gut wie möglich beherrschen. Mit einem soliden Fundament wird es einfacher, innerhalb kürzester Zeit einen Code für anspruchsvolle Aufgaben zu schreiben. Um deine Grundlagen zu verbessern, solltest du den Python Styleguide kennen, der sich um Einfachheit bemüht. Einfache Codes zu schreiben und die Zen of Python-Regeln zu befolgen, kann dir helfen, dein Wissen über die Grundlagen hinaus zu verbessern.

Zerlege Probleme in kleinere Probleme

Als Programmierer/in musst du Lösungen für komplexe und komplizierte Probleme finden. Nicht alle Probleme lassen sich mit einer einzigen logischen Ausführung angehen. Dann kannst du ein Problem in kleinere Probleme aufteilen, um es mit einer besseren Laufzeitausführung zu lösen. Diese Programmierphilosophie hilft dir dabei, Software mit weniger Fehlern zu erstellen und erfordert eine minimale Unit-Testing-Strategie.

Finde deine Nische

Es ist unmöglich, alle Computerbereiche zu beherrschen. Als Programmierer/in solltest du wissen, welcher Computerbereich dich am meisten interessiert. Probiere verschiedene Computersysteme aus, um besser zu verstehen, für welchen Bereich du dich begeistern kannst. Mit Python kannst du zum Beispiel Webentwicklung, Datenforschung oder Systemtechnik programmieren. Zwinge dich nicht dazu, von allem ein bisschen zu lernen, sondern konzentriere dich darauf, einen Bereich perfekt kennenzulernen.

Error-Meldungen helfen dir

Fehler können frustrierend sein, besonders wenn du einen startest. Wann immer du auf einen Fehler stößt, versuche, den Traceback-Fehler zu kopieren und ihn mit Google zu suchen. Du wirst mehrere Lösungen für das Problem finden, und wenn du es selbst löst, kannst du die Grundlagen von Python besser verstehen.

Lerne Algorithmen

Als Python-Programmierer/in solltest du Algorithmen wie Sortier- und Suchalgorithmen lernen, um besser Programmierlogik schreiben zu können. Ein grundlegendes Verständnis von mathematischen Konzepten kann dir auch helfen, komplexe Probleme intuitiv anzugehen. Obwohl Programmierer/innen im Wettbewerb in der Regel eine andere Herangehensweise haben als Softwareentwickler/innen, kann dir das Verständnis dafür, wie sie an ein Problem herangehen, helfen, verschiedene Hürden zu überwinden, auf die du bei der Softwareentwicklung stoßen könntest.
Graphenalgorithmen, binäre Suchalgorithmen und komplexe Datenstrukturen wie Stapel und Warteschlangen können alle mithilfe von Python implementiert werden. Ich empfehle dir, Webseiten wie LeetCode zu nutzen, um Python aus einer an Algorithmen orientierten Perspektive zu betrachten.

Fang an, GitHub zu nutzen

GitHub ist eine der wichtigsten Ressourcen in der Welt der Python-Programmierung, die du kennen solltest. Der gesamte Open-Source-Code ist in der Regel mithilfe von Git-Repositories verfügbar. Wenn du also Änderungen an einem dieser Repositories vornehmen willst, musst du die Eigentümer des Repositories mithilfe von GitHub-Befehlen wie Push und Commit dazu auffordern. Alle Unternehmen, die Entwickler/innen einstellen, bevorzugen Bewerber/innen mit GitHub-Erfahrung, damit sie dich schnell in ihr Team integrieren können.

Überarbeite dich nicht

Auch wenn es sich hierbei nicht um einen technischen Tipp handelt, ist es dennoch wichtig, dass du die Philosophie des langsamen und stetigen Lernens kennst. Versuche nie, eine große Menge an Informationen auf einmal aufzunehmen. In der Anfangsphase deiner Entwicklerkarriere ist Beständigkeit viel wichtiger. Nimm dir daher jeden Tag ein paar Stunden Zeit, um Python zu lernen, anstatt die Informationen innerhalb weniger Tage zu pauken. Nimm an Programmen wie 100daysofPython auf Social-Media-Plattformen wie Twitter teil, um dich zu motivieren und konsequent dranzubleiben.

Sei dir der Prüfmechanismen bewusst

Bevor eine Software auf den Markt kommt, muss sie gründlich getestet werden. Das Wissen über Unit-Testing-Workflows wie Alpha- und Beta-Tests kann Entwicklern helfen, besser funktionierende Software ohne bekannte Fehler zu veröffentlichen. Nutze die Reporting-Strategie, um Bugs in deiner Arbeitsmaschine einfach nachzustellen und sie so schnell wie möglich zu beseitigen. Das Beseitigen von Fehlern erfordert viel Erfahrung und manchmal auch eine Expertenmeinung. Scheue dich nicht davor, in Foren nach Hilfe zu fragen.

Achte auf deine Work-Life-Balance

Unabhängig von deiner Berufswahl ist es wichtig, ein Gleichgewicht zwischen Arbeit und Privatleben zu halten. Vor allem als Programmierer/in musst du dir über Aufgaben und Zeitmanagement im Klaren sein, um das Beste aus deiner Arbeitszeit herauszuholen. Wenn du freiberuflich tätig bist, verwende Apps wie Things und Session, um deine Aufgaben effizient zu verwalten. Techniken wie Pomodoro können dir helfen, mehr Bugs in kürzerer Zeit zu beseitigen.

Was nun?

Ich freue mich, dass du dich mit uns auf diese Python-Lernreise begeben hast. Programmieren macht Spaß und unabhängig davon, wie schnell du lernst, kannst du nur durch Übung besser werden. Mit dem Wissen, das du in diesem Buch erworben hast, kannst du anfangen, selbst einige Projekte zu entwickeln.

Wenn du nicht weißt, mit welchen Projekten du experimentieren sollst, habe ich hier ein paar Projektideen für dich.

- Erstelle ein Verwaltungssystem für eine lokale Bibliothek.

- Erstelle ein Bahnreservierungssystem für eine Vorort-Metro.

- Erstelle eine einfache Website mithilfe der Django-Bibliothek.

- Erstelle ein klassisches Python-Spiel mithilfe von Pygame.

- Analysiere Daten von Twitter, um einen Bot zu erstellen, der automatisch beliebte Tweets retweetet.

Ich wünsche dir alles Gute auf deinem Entwicklungsweg!

CPSIA information can be obtained
at www.ICGtesting.com
Printed in the USA
LVHW062012070123
736650LV00008B/669

9 787025 537452